Peter Michel: Leben aus der Stille des Herzens

D1730311

Leben
aus der Stille
des Herzens

Anregungen zur meditativen Praxis

Aquamarin Verlag

Das Titelbild zeigt ein Foto von George Chambers, Palo Alto

1. Auflage 1986

© Aquamarin Verlag,
Voglherd 1 · D-8018 Grafing

ISBN 3-922936-46-6

Herstellung: Jürgen Mayer KG · Haunwang 1 · 8311 Eching

Inhaltsverzeichnis:

*In der Stille kann man
an das Herz Gottes rühren.*

White Eagle

Einleitung

Die Welt am Ende des 20. Jahrhunderts ist lauter, schneller und ruheloser geworden. Sie bedarf, um ihres eigentlichen Auftrages gerecht zu werden, eines Gegenpoles, der die leisen Töne, das langsam schlagende Herz und die in sich ruhende Seele offenbart. Wenn geistiges Wachstum auf dem 'blauen Planeten' weiterhin möglich sein soll, und nur in diesem inneren, nicht in einem äußeren Wachstum kann sich menschliches Leben erfüllen, so bedarf es einer "Wendezeit", einer Umwendung von außen nach innen.

Wie soll das Geschöpf zu einer Manifestation des Schöpfers werden, gleich ob in einer verantwortungsvollen Stellung im öffentlichen Leben oder in der so wertvollen Arbeit innerhalb einer Familie, wenn die innere Verbindung zum Ursprung seines Seins nicht kontinuierlich gewährleistet ist. Eine der großen spirituellen Gestalten dieses Jahrhunderts, die Theosophin Annie Besant, betrachtete eine meditative Praxis als unentbehrlichen Bestandteil des Tagesablaufes eines geistig ausgerichteten Menschen. "Wer sich entschlossen hat, ein spirituelles Leben zu führen, muß täglich einige Zeit der Meditation widmen. Ebensowenig wie physisches Leben ohne Nahrungszufuhr aufrechterhalten werden kann, ist spirituelles Leben ohne Meditation möglich. Wer nicht jeden Tag eine halbe Stunde erübrigen kann, in der die Welt ausgeschlossen wird, so daß der Verstand aus den spirituellen Ebenen einen Strom des Lebens empfangen kann, vermag kein spirituelles Leben zu führen." (1).

---

1) Annie Besant, Das Denkvermögen, Graz 1979, S. 104

9

Um dieses Leben aus der Kraft des Geistes zu verwirklichen, bedarf es nicht des Rückzuges aus der Gemeinschaft der Menschen oder einer, wie auch immer verstandenen, Weltentsagung.

Das Ideal eines in jedem Augenblick auf Gott ausgerichteten Lebens wird für den "Jünger auf dem Pfad" nicht von heute auf morgen zu erreichen sein, doch sollte es jedem als Ziel vor Augen stehen, wenn er in den Minuten der Andacht eine Rose der Seele auf dem Altar seines Herzens niederlegt, um den göttlichen Geliebten, die göttliche Geliebte zu begrüßen. Jeder Meditierende, jeder in der Zwiesprache mit Gott im Gebet Geübte, wird die segensreichen Auswirkungen dieser Momente des Schweigens noch über Stunden verspüren. Getragen von der bewußt empfundenen göttlichen Gegenwart, wird er als "Botschafter des Lichtes" unter seinen Erdengeschwistern weilen.

Es kann und wird nicht die Aufgabe dieses Buches sein, sich als eine Art umfassendes Lehrwerk zum Thema "Meditation" zu erweisen. Vielmehr soll es dem Anfänger auf dem Pfad Hinweise zum Einstieg in ein erfüllteres spirituelles Leben schenken und dem schon in der Meditation Erfahrenen Anregung zur Vertiefung seiner täglichen Praxis vermitteln. Die zahlreichen Hinweise auf Namen, Werke und Orte sollen es jedem Interessierten ermöglichen, besser auf jenem PFAD weiterzuschreiten, für den er den Ruf seines Herzens empfangen hat.

Möge das Licht des EINEN über allen Wegen leuchten!

Teil I

Der Anfang

I. Was ist Gebet?

*Die Tugend ist eine Emanation Gottes,
ein zurückgeworfenes Bild der Gottheit,
in dessen Ähnlichkeit allein das Gute
und das Schöne liegt. Die Seele, die
sich von diesem herrlichen Vorbild aller
Vollkommenheit fesseln läßt, wird durch
die Neigung zur Tugend zum Gebet ange-
trieben, welche Neigung mit der Aus-
gießung des Guten, die ihr durch das Gebet
zuteil wird, wächst, so daß sie gerade
dasjenige tut, was sie erbittet, und
das erbittet, was sie tut. (1)*

Pythagoras

Nach der Überlieferung bestimmten für Pythagoras zwei
Komponenten das Wesen des Gebetes: die freiwillige Be-
mühung der Seele und die Hilfe des Himmels. Das Gebet steht als Mittler zwischen beiden, als Bindeglied zwischen der menschlichen Suche und der göttlichen Gabe.

Das Gebet wird, im Gegensatz zur Meditation, stärker
durch das Moment des Dialoges charakterisiert (2). Die
betende Geist-Seele übernimmt hier in gewissem Sinne

---

1) Vgl. Fabre d'Olivet, Die goldenen Verse des Pythagoras, Schwarzenburg
   1979, S. 140 f.

2) Vgl. Martin Buber, Ich und Du, Heidelberg 1977

einen aktiven Part, vollzieht eine willentliche, geplante Hinwendung an ein eher personal (im kosmischen Sinne) verstandenes Gegenüber.

Läßt man die egoistischen Gebete, die sich rein auf persönlich-weltliche Angelegenheiten richten, einmal unberücksichtigt, so charakterisiert Uneigennützigkeit und Universalität das wahrhaft spirituelle Gebet. Steht das eigene Selbst einmal im Mittelpunkt des Gebetes, so nur, um größere Reinheit und Kraft für segensreicheres Wirken zu erbitten.

Das Gebet bildet in höheren Welten Gedankenformen, die positive Auswirkungen auf Lebende – aber auch auf bereits in höhere Welten Zurückgekehrte – zeitigen. Diese machtvolle Kraft wurde von Mystikern aller Zeiten erlebt, wofür zahlreiche Schriften Zeugnis ablegen. (3) Besondere Beachtung des Gebetes empfiehlt sich vor allem für jene Menschen, die der Tendenz unterliegen, in einer übermäßigen Passivität zu verharren und in der Meditation *nur* geschehen zu lassen. Führt die Meditation zur Erfahrung des "Ich und der Vater sind eins", so sollte diese ergänzt werden durch das Bekenntnis des Gebetes: "Nicht mein, sondern DEIN Wille geschehe."

---

3) Vgl. die bewegenden Berichte über die Gebetserfahrungen der Chassidim in: M. Buber, Die Erzählungen der Chassidim, Zürich 1949

II. Was ist Meditation?

Die Weisen aller Zeitalter und Religionen wußten immer um die Vergänglichkeit der Welt und die Unvergänglichkeit des innersten Wesenskernes des Menschen. Schon im frühen China sagte ein wissender Meister: "Wenn du die Ruhe selber bist, dann wird sich das Herz des Himmels in dir offenbaren." Der ruhelose Geist dagegen gleicht dem aufgewühlten Meer, das nur ein verzerrtes Bild der Sonne (des Ewigen) zurückwerfen wird. Den verborgenen Schlüssel zum Reich der Ewigkeit trägt der Mensch in sich, so daß die griechischen Tempeltore die mahnenden Worte trugen: "Mensch, erkenne dich selbst." Kein äußerer Lehrer, Meister oder Guru kann die Erfahrung des Selbst einem Schüler abnehmen. Er vermag den Weg zu zeigen, doch die Schritte zur Stille des Herzens muß ein jeder selbst zurücklegen. Nur dann vermag er *Wirklichkeit* zu schauen, gleich dem erleuchteten Yogi, von dem die Upanishaden sprechen: "Wenn einer, dem Yoga hingegeben, mit der wahren Natur seiner Seele wie mit einem Licht das wahre Wesen des Brahman schaut, dann erkennt er den, der von Ewigkeit besteht, fest und frei von allen Eigenschaften ist, und wird von allen Fesseln befreit." (Sv. Up. II,8)

Die Meditation, welche Ausprägung sie im einzelnen auch annehmen mag, ist gekennzeichnet durch eine Dominanz des passiven Geschehenlassens gegenüber dem aktiven Tun. Die suchende Seele begibt sich in ihr "Kämmerlein", um "anzuklopfen" – doch "auftun" kann ihr nur die göttliche Gnade. Es gibt kein vergleichbares menschliches Handeln, das so auf der göttlichen Gnade

15

gründet. Die Erleuchtung (Durch-Lichtung) kann nicht er-meditiert werden. Der Vorwurf einer meist falsch verstandenen Selbsterlösung trifft daher den Meditierenden nicht; denn wenn "ER" nicht leuchtet, wird er nicht erleuchtet. Das menschliche Trachten sollte wohl allein auf das "Königreich des Himmels in uns" ausgerichtet sein, doch stets eingedenk, daß dieses Königreich nur dann zum König-Reich wird, wenn der König eintritt.

Meditation ist sicher nicht der einzige Weg zur Gottes-Begegnung: wer wollte hier Richtlinien festlegen. Sie erweist sich aber in einer Zeit, in der das Machbare und der Macher dominieren, als heil-same Einstimmung auf das Nicht-Machbare, das allein Wesentliche. "Wenn wir den Geist nach innen wenden, erlangen wir Unterscheidungsvermögen. Durch Unterscheidungsvermögen finden wir zur Wahrheit." Kann es wichtigeres für den Menschen geben als die "ihm gemäße Wahrheit" (Goethe) zu finden, von der Ramakrishna hier spricht? Es mag entgegnet werden, der Mensch solle sich auf die Erforschung der Natur (der Schöpfung) beschränken und das Unerforschbare (den Schöpfer) von Ferne verehren. Doch "was wir erfahren wollen in der Meditation sind die 'inneren Gesetze' der Natur, nach denen sich die Schöpfung bewegt." (Maharishi M. Yogi) So wird Meditation nicht zum Selbstzweck, sondern sie dient dem Menschen als Werkzeug, um den Geist der Absoluten Gegenwart zu empfangen. Nur im Einklang mit ihr vermag er als ein wahrhaftiges, da mit der Wahrheit verhaftetes Wesen zu leben und zu wirken. Erst wenn er in der Stille des Herzens sein Christus-Selbst, die Buddha-Natur oder das Krishna-Bewußtsein erfahren hat, wird seine

Geschöpflichkeit vollendet. Die Angleichung an Gott (homoiosis), um die das mystische Christentum (durch sein platonisches Erbe) immer wußte, vollendet das Mensch-Sein, um zugleich neue, höhere Dimensionen aufzuzeigen.

III. Das Sanktuarium

Meditation bewirkt das Ablegen der Alltagsschwingungen, das Abstreifen des abgetragenen Stress-Gewandes. Aus diesem Grund sollte zur optimalen Nutzung der meditativen Erneuerungs- und Wiederbelebungskräfte auch der äußere Rahmen sorgfältig ausgewählt werden. Gerade für den Anfänger in der Meditation sollte das 'ganz andere' des meditativen Geschehens auch durch eine spezielle Umgebung unterstrichen werden.

Die räumlichen Gegebenheiten werden bei nicht wenigen Menschen die Auswahl eines "Ortes der Stille" etwas erschweren. Nicht jeder wird in der glücklichen Lage eines Hausbesitzers sein, der einen Raum eigens dem Gebet und der Meditation weihen kann. Doch selbst in der beengtesten Mietswohnung wird es möglich sein, eine kleine Ecke für die wertvollsten Augenblicke des Tages zu gestalten. Ein spirituelles Wandbild, eine Kerze, eine sorgfältig ausgewählte Sitzgelegenheit – und schon nimmt das kleine Haus-Sanktuarium Gestalt an.

Wenn Sie Ihre Wahl getroffen haben, sollten Sie diese Stätte möglichst nicht mehr verändern. Sie 'schwingen diesen Platz ein', d.h. Sie bilden auf den inneren Ebenen ein Kraftfeld aus, das seine segensreichen Auswirkungen auf ihr gesamtes Wesen nicht verfehlen wird. Nach einigen Minuten der inneren Sammlung werden Sie Ihren "Ort der Kraft" gestärkt und erfrischt, mit neuer Inspiration beschenkt, verlassen. Versuchen Sie Ihr persönliches Sanktuarium möglichst vor disharmonischen Einflüssen zu schützen, ohne allerdings dabei zu verkrampfen. Die segensreichen Schwingungen aus lichten Sphären werden immer in der Lage sein, irdische Disharmonie zu beseitigen, doch empfiehlt es sich, nicht gerade in Ihrem Meditations-Zimmer Ehe- oder Familien-Zwiste auszutragen oder den Junior wegen der Mathematik "Fünf" zu tadeln. Jeder Ort birgt seine Bestimmung. Eine Kathedrale ist keine Kaserne, und auf dem Exerzierplatz wird kein Abendmahl gefeiert.

Je weiter Sie voranschreiten auf dem "geistigen Pfad" desto unabhängiger werden Sie von äußeren Einflüssen. Wenn Sie aus der inneren Stille leben, wird der Lärm der Außenwelt Sie kaum noch aus dem Gleichgewicht werfen. Es spielt dann auch keine entscheidende Rolle mehr, ob Sie in Ihrem Büro, im überfüllten Bus oder in Ihrem Sanktuarium meditieren. Sie ruhen so fest in Ihrer Verbundenheit mit dem göttlichen Sein, daß Ort und Zeitpunkt einer inneren Sammlung keine Rolle mehr spielen. Solange Sie jedoch gerade die ersten Erfahrungen einer meditativen Lebensführung sammeln, sollten Sie für möglichst günstige Umstände sorgen. Die Meditation wird umso beglückender sein, je gründlicher die Lösung von der Alltagswelt vollzogen wird.

Sie werden den 'inneren Weg' eher beglückend als beschwerlich empfinden und zudem als große Bereicherung Ihres Lebens. Die Veränderungen werden schon bald zu spüren sein, ein erster Schritt auf dem Pfad der Verwirklichung, an dessen vorläufigem Ende der Weise steht, für den jede Minute Meditation und jede Tat Gebet ist.

IV. Duftstoffe

Bei einem kurzen Einkaufsbummel durch eine deutsche Großstadt werden Sie unschwer feststellen können, daß die jeweilige Duftnote keinesfalls das Prädikat "paradiesisch" verdient. Die Lärmschädigung ist vielen Menschen schon schmerzlich bewußt geworden, doch die Geruchsbelästigung wird noch nicht genügend beachtet. Benzin- und Abgasgerüche werden Sie nicht in einen erhöhten Bewußtseinszustand versetzen oder zu neuer Kreativität inspirieren. Weit eher wird das Resultat in Kopfschmerzen und Übelkeit bestehen. Aus diesem Grund sollte Ihre Meditation auch ein wenig von 'himmlischen Düften' umrahmt sein.

Wählen Sie das Ihren Empfindungen angenehme Räucherwerk aus und entzünden Sie es mit Bedacht, einer kleinen Weihehandlung gleich. Räucherstäbchen (1) und ätherische Öle (2), Blütenessenzen und Weihrauch duften nicht nur angenehm, sie reinigen auch die Atmosphäre, was die alten Hoch-Kulturen immer wußten, die den Duftstoffen stets große Aufmerksamkeit schenkten. Sparen Sie nicht beim Erwerb von Duftstoffen und Räucherwerk, denn nur gute Qualität bewirkt positive Resultate. Wenn Sie sich mit billiger Chemie 'einnebeln', werden Sie im geistigen Dunst, bei getrübter Wahrnehmung, wenig erhebende Empfindungen durchleben.

---

1) Als gute Bezugsquelle für Räucherstäbchen empfiehlt sich der Mirapuri-Versand, Elisabethweg 34, D-8033 Planegg

2) Eine gute Auswahl an ätherischen Ölen führt die Akasha-Buchhandlung, Hans-Sachs-Str. 12, 8000 München 5

Hüllen Sie jedoch paradiesische Düfte ein, werden selbst die Engel sich Ihnen zuwenden, und Sie werden von ihren segensreichen Energien emporgetragen in göttliche Welten.

V. Die Vorauswahl

"Wenn der Schüler bereit ist, erscheint der Lehrer", so lautet eine alte Grundregel des mystischen Pfades. Diese Gewißheit sollte der geistig Suchende nie verlieren, sie wird ihm unnötige innere Unzufriedenheit und überflüssige Seelenzweifel ersparen. Jeder Mensch, der sich um spirituelle Läuterung und Einstimmung bemüht, wird von den lichten Hütern der Menschheit gesehen und in ihre Obhut genommen. Es geht daher nicht der eine auf dem 'rechten', der andere auf dem 'falschen' Weg, denn *den* Weg gibt es nicht. Niemand sollte daher der unterschwelligen (meist konfessionell bedingten) Angst verfallen, bestimmte (anders konfessionelle) Übungswege dürfe er nicht beschreiten. Es gibt so viele Wege wie Menschen, da jedes Individuum eine bestimmte, unnachahmliche, unverwechselbare göttliche Idee manifestiert. Aus diesem Grund wird jede Geist-Seele *ihren* Weg zu *ihrer* Gottes-Begegnung finden.

Wie kann die erste Stufe der endlosen Treppe betreten werden? Der religiöse Mensch des 20. Jahrhunderts sieht sich in die glückliche Lage versetzt, wohl einzigartig in der Menschheitsgeschichte, aus der Fülle des spirituellen Erlebens aller Religionen schöpfen zu können. Er vermag auszuwählen aus einer Vielfalt umfassender und ausführlicher Informationen. Die Vorauswahl wird aber immer eher ir- oder supra-rational erfolgen, denn von kühler mentaler Analyse geleitet. Nicht unerheblich wird die unterbewußte Erinnerung an frühere Erdenleben bei der Wahl eines spirituellen Übungsweges mitbestimmend sein. Trotzdem sollte der interessierte Sucher einige bewährte Auswahlkriterien nicht unbeachtet lassen.

1) Reißt mich meine gewählte Meditationsform aus der Umwelt, in die ich (nicht zufällig!) hineingeboren wurde?
2) Erfüllt mein möglicher Lehrer/Guru die höchsten ethischen Ansprüche, oder ist er aus niederen Motiven auf Jünger-Suche?
3) Kann ich die gewählte Übungspraxis und die von Praktizierenden dieses Weges beschriebenen Erfahrungen mit meiner religiösen Überzeugung vereinbaren?
4) Läßt mich meine Meditation zu einem reineren Gefäß der göttlichen Liebe und Wahrheit werden oder bewirkt sie nur einen verfeinerten Egoismus?
5) Welche Entwicklungen kann ich an Menschen beobachten, die jenen Weg beschritten haben, den zu gehen ich mich auch entschlossen habe?

Mit diesen fünf Aspekten sind nur einige Grundvoraussetzungen zu einer sinnvollen Auswahl des eigenen spirituellen Weges umrissen, doch sollten sie es, bei gründlicher und möglichst objektiver Prüfung des eigenen Wollens, ermöglichen, eine (für den einzelnen) falsche Auswahl zu vermeiden. Wo der Sucher Toleranz und Freiheit, Liebe und Herzlichkeit, Güte und Menschlichkeit antrifft, kann er sicher sein, einen guten Weg zur reinen Quelle gefunden zu haben. Er kann ohne zu zögern den Fuß auf den ehrwürdigen PFAD setzen.

VI. Der äußere Lehrer

Wenn ein menschliches Leben erfüllt war, so wird am Ende die Erkenntnis stehen, viel gelernt zu haben. Bedauernswert sind jene Menschen, die zu irgendeinem Zeitpunkt ihrer Inkarnation der Meinung waren, im Prinzip jetzt *alles* zu wissen. Ein tragischer Irrtum! Wir lernen immer, und wenn wir auf gesegneten Wegen voranschreiten, so begleiten uns wahrhaft wissende Lehrer. Dies gilt für nahezu alle Lebenssituationen, auch und im besonderen für die Meditation.

Meditation ist ein Abenteuer. Die Unendlichkeit des Geistes zu erforschen, stellt die größte Herausforderung menschlichen Seins überhaupt dar. Wer würde nun im weltlichen Sinne ohne Reiseführer oder zumindest ohne gut ausgewählte Reiseroute beginnen? Der Reiseführer auf der Reise nach innen ist der ältere Bruder oder die ältere Schwester, die schon länger auf dem Pfad wandeln, seine Schwierigkeiten und Hindernisse erlebt haben und ihre Erfahrungen mit jüngeren Geschwistern teilen wollen.

Einen guten Meditationslehrer zu finden, bedeutet eine Leuchte für dunkle Wege zu besitzen. Sie werden in der Meditation innere Umwandlungen erfahren, die gänzlich außerhalb ihres üblichen Seins-Spektrums liegen – und dies mag Sie gelegentlich zu Unruhe und Zweifeln führen. Diese Stunden der Seelenprüfung mußten auch jene durchstehen, die heute als Lehrer wirken, so daß Sie von deren Erfahrungsschätzen profitieren können. Der äußere Lehrer ist für Sie greifbar und vorstellbar und kann Trost und Ermutigung schenken. Er wird in konkreten Situationen mit einem praktischen Rat Schwierigkeiten zu überwinden helfen, die vielfach nur aufgrund von Unwissenheit entstanden. Das Wissen und vielleicht die Weisheit eines langjährigen Meditationslehrers (eines "Lebemeisters" im Sinne Meister Eckharts) kann Ihnen innere Konflikte lösen helfen, indem bestimmte Meditationserlebnisse richtig gedeutet und ihre verborgene Botschaft entschlüsselt wird.

Im Idealfall finden Sie als Lehrer nicht nur einen Lehrer, sondern einen Meister. In diesem Fall befinden Sie sich in der glücklichen Lage, ihr inneres Wachstum unter der Führung eines Sehenden zu vollziehen. Es wird dieser Meisterseele möglich sein, ihre innere Reife genau zu überprüfen und diesem Entwicklungsstand entsprechende Anweisung für die Meditation zu geben. So können Sie optimal an ihren eigenen Schwächen arbeiten und die in der Meditation gewonnenen Kräfte höchst wirksam einsetzen. Doch auch für diesen Idealfall gilt, die letzte Entscheidungsinstanz in der Annahme einer Anweisung oder Lehre kann nur ihr eigenes Gewissen sein. Schon Buddha sagte: "Glaube niemand, ohne es selbst geprüft zu haben, und lehrte es Dich auch ein Buddha." Der äußere Lehrer wird sich in der Regel als sehr hilfreich erweisen, da er auf langjährige Erfahrung zurückgreifen kann. Ihm darf Vertrauen geschenkt werden, nachdem man ihn geprüft hat. Doch in keinem Fall sollte dies in blinde Gefolgschaft ausarten oder zu falschem Kopieren führen. Kein Schüler wird oder soll ein Abbild (eher Zerrbild) seines Meisters werden – sondern selbst ein Meister.

VII. Der innere Lehrer

Die Einführung und die ersten Schritte in ein meditatives Leben wird der Sucher in der Regel an der Seite eines äußeren Lehrers machen. Nach einiger Zeit der Praxis kann diese Beziehung jedoch von einer zweiten ergänzt oder abgelöst werden. Es erfolgt die Begegnung mit dem inneren Lehrer, dem sogenannten inneren Meister. (1)

Diese Gestalt kann unterschiedlichen Ursprunges oder Wesens sein:

1) Der Meditierende kommt in Berührung mit seinem eigenen höheren Selbst (Geist-Seele) und erfährt sich als wahrhaftes Gottes-Kind. (2) Von diesem Augenblick an wird er inspiriert sein von seinem wirklichen ICH, seinem unvergänglichen Gottesfunken.

Aus der Sicht seines begrenzten Persönlichkeitsbewußtseins überstrahlt ihn sein eigenes höheres Wesen gleich einer Sonne. Es mag ihm wie eine zweite Wesenheit vorkommen – und doch ist er es selbst.

2) Der Meditierende begegnet seinem Schutzengel. Gelegentlich wird dieser von einer falsch interpretierenden Psychologie als Projektion oder Spaltpersönlichkeit bezeichnet, doch wird diese Fehldeutung den Wissenden nicht beirren. Wer einmal seinen Schutzengel von Angesicht zu Angesicht gesehen hat, wird

---

1) Vgl.: Liselotte Baertz, Wege zum inneren Meister, Forstinning 1982
2) Vgl.: C.W. Leadbeater, Das höhere Selbst, Forstinning 1982

diesen einmaligen Augenblick niemals vergessen (1); und keine noch so gelehrte Theorie wird die Gewißheit dieses Erlebens beeinträchtigen können. Kann die Verbindung zum eigenen Schutzengel aufrechterhalten werden, so wird dieser häufig die weitere Betreuung seines Schützlings übernehmen und auch seine Meditationspraxis leiten. Er bleibt in der Regel bis zur dritten Einweihung (2) bei seinem Schutzbefohlenen.

3) Der Meditierende erweckt durch sein reines Bemühen die Aufmerksamkeit eines Meisters der Planetarischen Hierarchie und wird von diesem als Schüler angenommen. In diesem Fall wacht der Meister aus lichten Sphären über seinen Schüler. Er kann diesem in der Meditation erscheinen, indem er das Bewußtsein seines Schülers anhebt, oder ihn im Traum belehren. Niemals wird ein Meister der Weisheit Zwang ausüben oder in unzulässiger Weise in die Freiheit seines Schülers eingreifen. Er wird ihn anleiten, zu größerer eigener Bewußtheit und Verantwortung heranzureifen.

Der "innere Lehrer" kann von zwei Seiten betrachtet werden. Zum einen wird er (sofern wahrhaftig) den Meditierenden von äußerer Abhängigkeit lösen (sofern dieser ihr unterlegen ist), zum anderen kann er (sofern nicht wahrhaftig) den Schüler in der Verblendung der Einbildung fesseln. Ein kritisches, waches Bewußtsein

---

3) Vgl.: Hope MacDonald, Engel in Aktion, Hamburg 1983

4) Vgl.: F. A. Newhouse, Die Tore der Weisheit, Forstinning 1984, S. 138 ff.

wird auch hier segensreich wirken. Der Schüler sollte sich prüfen, ob er nicht von einem versteckten Egoismus verführt wird, sich als "Jünger der Meister" auszugeben. In diesem Fall kann er nahezu sicher sein, der Illusion zu verfallen. Wer demütig und reinen Herzens in die Stille einkehrt, darf gewiß sein, in den Momenten der Gnade mit einer höheren Wirklichkeit, einem wahrhaften inneren Lehrer oder dem göttlichen Sein in Berührung zu kommen.

VIII. Achtsamkeit und Toleranz

Einer der bedeutenden spirituellen Lehrer des 20. Jahrhunderts hat eine eigene Arbeit dem zentralen Problem der Einbildung gewidmet. Unter der Überschrift "Verblendung ein Weltproblem" (1) analysiert er die Situation unter spirituell ausgerichteten Menschen im Hinblick auf mögliche Täuschungen. Die Ergebnisse der Analyse dürfen als ernste Mahnung genommen werden, denn der Verblendungen sind viele. Sie entstehen auf verschiedenen Ebenen, doch grundsätzlich lassen sie sich auf die Pole Einheit – Getrenntheit reduzieren. Solange sich der einzelne als absolut getrennt von allen anderen versteht, wird diese Abgrenzung Wertung und Wertigkeiten hervorrufen. Je 'jünger' eine Seele in ihrem evolutiven Prozeß ist, desto primitiver wird sich dieser Gegensatz manifestieren. Von der Stufe des Totschlagens eines Andersgläubigen bis zur sophistisch-scholastischen Diskussion über dogmatische Spitzfindigkeiten erstreckt sich ein breites Spektrum. Immer aber taucht der gleiche tragische Irrtum auf – mein Volk ist besser als dein Volk; meine Rasse steht höher als deine Rasse; meine Religion ist wahrer als deine Religion; meine Meditation führt schneller zur Erleuchtung als deine Meditation. Solange dieses elementare Mißverständnis nicht von Grund aus entwurzelt ist, wird es Zwietracht und Feindschaft säen, und eine Meditation aus diesem Geiste heraus verfehlt ihr eigentliches Ziel auf der Ebene der Menschheit – Universalität. Jeder religiöse Mensch muß sich aus dieser Notwendigkeit heraus, sobald sie erkannt

---

1) A. A. Bailey, Verblendung ein Weltproblem, Lorch 1964

ist, mit äußerster Achtsamkeit zur Überprüfung seiner Motive und meditativen Ethik aufrufen.

Mittels der Achtsamkeit wird es jedem gelingen, die inneren Grenzen zu überschreiten, Barrieren abzubauen und in *echter* (nicht in taktischer) Toleranz auf seine verschiedenen Geschwister auf anderen Wegen zuzugehen. Aus der Achtsamkeit wird die Toleranz erwachsen, auf dem Boden der Toleranz eine tiefe, allumfassende Liebe erblühen. Erst wenn dieser Zustand verwirklicht ist, kann sich die göttliche Machtfülle manifestieren, denn sie findet dann ein Werkzeug, das ganz im Einklang mit ihrer Weisheit wirkt.

IX. Freude und Demut

Die ersten Schritte auf dem meditativen Pfad liegen nun hinter Ihnen. Sie haben sich für einen bestimmten Weg entschieden, wahrscheinlich einen Lehrer gefunden, vielleicht schon erste innerliche Erfahrungen gesammelt. Woran erkennen Sie, ob Sie den 'richtigen' Weg gewählt haben?

Erwarten Sie nicht, von heute auf morgen 'erleuchtet' zu sein. Auf der "Himmelsleiter" kann niemand eine Sprosse überspringen, und Sie können auch von niemandem gewissermaßen die Leiter hinaufgezogen werden. Doch Sie sollten zwei Veränderungen Ihres Wesens feststellen, die deutlich zutage treten, wenn Sie auf lichterfülltem Pfade wandern – eine tiefe Freudigkeit des Herzens und eine ehrfürchtige Demut vor allem Geschaffenen.

Je näher Sie Ihrem innersten Wesen kommen, desto inniger berühren Sie die Quelle allen Seins – und diese Quelle ist Glückseligkeit ('ananda' in der Weisheit des Ostens). Je näher Sie Ihrem innersten Wesen kommen, desto inniger berühren Sie die Quelle aller Weisheit – und diese Quelle erfüllt Ihr Bewußtsein. Sie erkennen die unfaßbare göttliche Intelligenz (sophia) hinter den Dingen dieser und aller Welten. Ihr Herz wird erfüllt von Ehrfurcht und Ihr Knie senkt sich in demütiger Anbetung. Diese Erfahrung bewog manchen Weisen, auf die Frage nach dem Geheimnis der Schöpfung und seiner Offenbarung, nur mit einer Geste zu erwidern – mit dem Emporhalten einer Blume.

Wenn diese Freude und Demut nicht zumindest in Ansätzen für Sie zu erspüren ist, sollten Sie in einer stillen Stunde noch einmal Motivation und Zielsetzung Ihrer Meditation überprüfen. Wollen Sie etwas für sich oder wollen Sie Ihren Mitmenschen dienen? Bestimmt reine Nächstenliebe oder versteckter Egoismus Ihr Handeln? "So einer groß sein will im Reiche Gottes, so dient er seinen Geschwistern." Dies Gebot wird nie aufgehoben werden. Nur der Demütige dient freudigen Herzens, und der Segen Gottes, die Gnade des Absoluten, die Unaussprechlichkeit des Nirvana wird seine tägliche Meditationspraxis erfüllen.

Teil 2

Die Praxis

X. Raja-Yoga

Der Raja-Yoga (Skrt., der Königliche-Yoga) wird heute in engem Zusammenhang mit den Yoga-Sutras des Patanjali gesehen, wenngleich der Name erst lange nach Patanjali gebildet wurde. Der Raja-Yoga unterteilt sich in die klassischen acht Stufen:

1) Yama	- Diese beiden Stufen bestimmen die
2) Niyama	- ethischen und moralischen Voraussetzungen für den Yoga-Pfad
3) Asana	- Die Einnahme best. Körperhaltungen
4) Pranayama	- Die Ausübung best. Atemtechniken
5) Patyahara	- Das Zurückziehen der Sinne von äusseren Wahrnehmungsgegenständen
6) Dharana	- Konzentration und Gedankenkontrolle
7) Dhyana	- Meditative Versenkung
8) Samadhi	- Transzendierung der Dualität; Aufhebung der Erscheinungswelt; Einheitsbewußtsein

Drei Aspekte dieses achtfachen Pfades haben besondere Bedeutung erlangt. Aus der Stufe drei entwickelte sich der Hatha-Yoga, der von der reinen Körperentspannung, die kaum mehr als verfeinerte Gymnastik darstellt, bis zur extremen Körperstellung reicht, mit der okkulte Kräfte (siddhis) erlangt werden sollen. Es gibt zahlreiche mahnende Stimmen, auch unter bedeutenden Yogis, die allerdings gerade vor dem letzten Aspekt entschieden warnen. Ein weiterer Ableger des Yoga entwickelte sich aus der Stufe vier. Auch hier reicht das Spektrum von der entspannenden und heilenden Tiefenatmung bis hin zu ausgefeilten (und häufig gefährlichen) Atem-Techniken, etwa um den Astralkörper aus der physischen Hülle zu lösen. Fortgeschrittene Atemübungen sollten nur unter sorgsamer Anleitung eines wahrhaft wissenden Lehrers praktiziert werden.

Die zentrale Assoziation mit dem Raja-Yoga erfolgt in der heutigen Zeit über die Stufe sechs. Das Moment der Konzentration, die Beherrschung der Gedanken und das Zurückziehen von der äußeren Erscheinungswelt gilt als der entscheidende Baustein des Raja-Yoga. In seinem epochalen Werk "Die Synthese des Yoga" umreißt Aurobindo die traditionelle Methode des Raja-Yoga wie folgt: "Im Raja-Yoga wird die Konzentration in vier Stufen eingeteilt. Sie beginnt damit, daß man das Mentale ebenso wie die Sinne von den äußeren Dingen zurückzieht. Sie schreitet fort, indem man den einzigen Gegenstand der Konzentration so festhält, daß alle anderen Ideen und mentalen Betätigungen ausgeschlossen werden. Dann soll das Mentale für längere Zeit allein von diesem Gegenstand absorbiert werden. Schließlich zieht sich das Bewußtsein völlig nach innen zurück, wobei es jede mentale Betätigung nach außen im Einssein des *samadhi* verliert. Das wahre Ziel dieser mentalen Disziplin liegt darin, daß wir das Mentale aus der Außenwelt und auch aus seiner eigenen mentalen Welt völlig in das Einssein mit dem Göttlichen Wesen zurückziehen." (1) Der Prozeß als solcher bedarf in seinem Anfangsstadium gewisser Hilfen, die in der Form von Imagination oder Konzentration auf eine ausgewählte Idee des göttlichen Wesens bestehen kann.

---

1) Sri Aurobindo, Die Synthese des Yoga, Gladenbach 1976, S. 551

In der neuzeitlichen Theosophie haben vor allem die Dharana-Elemente wesentlich die meditative Praxis bestimmt. Über die Kontrolle des Mental-Körpers soll dem Schüler der Zugang zu seinem höheren Selbst eröffnet werden, wobei er als Theosoph die moralischen Verpflichtungen als Grundvoraussetzungen ohnehin zu erfüllen bestrebt ist. Das Zusammenschwingen der höheren Körper bietet die Gewähr für die Überwindung der irdisch geprägten und gezogenen Gedankengrenzen, der weltlich-mentalen Fesseln. Über die Konzentration auf einen sprituell wertvollen Inhalt, Annie Besant nennt dies die "Mediation mit Saat", wird der "stets wandernde Geist zum beständigen Beharren gebracht, auf dem Weg der langsamen, stufenweisen Bezwingung. Nun bleibe man unentwegt auf die letzte Hauptidee konzentriert und verweile darauf. Dann gebe man selbst diese noch auf, lasse die Hauptgestalt, das Ideal, den Keim der Meditation, fahren. Man erhalte aber den Geist in der erreichten Lage, auf dem gewonnenen Boden, und spanne alle seine Kräfte an, dort wach zu bleiben." (1) An dieser 'Stelle' (besser Zustand) vollzieht sich der Übergang zur "Meditation ohne Saat", die zur Selbsterkenntnis führen soll. "Plötzlich tritt eine Veränderung ein, ein unverkennbarer Wechsel, ein unerhört großer, unglaublicher. In jenem Schweigen wird eine Stimme ertönen, eine Form erscheinen. An dem dunklen Horizonte wird eine Sonne aufsteigen, und in dem Lichte jener Sonne wird man seine eigene Identität mit ihr erkennen, um zu erfahren, daß das, was leer für das sinnliche Auge sich darstellt, sich für das spirituelle Auge als voll erweist, und daß das,

---

1) Annie Besant, Einführung in den Yoga, Leipzig. o.J., S. 95 f.

was sich als das Schweigen für das sinnliche Ohr ausnimmt, volltönende Musik ist für das geistige Ohr." (1)
Der Raja-Yoga als solcher wird vom Willen dominiert. Das aktive eigene Bemühen steht im Vordergrund, die Selbst-be-meisterung hängt wesentlich von der Anstrengung des Schülers ab. Menschen, die ohnehin schon sehr willensstark und ego-betont sind, sollten sich prüfen, ob nicht eine mehr das Geschehenlassen betonende Meditation für sie hilfreicher und förderlicher wäre. Umgekehrt wäre eher willensschwachen Menschen dieser Weg zu empfehlen.

---

3) ebd., S. 96. Als ergänzende Literatur zum Raja-Yoga empfiehlt sich:
I.K. Taimni, Die Wissenschaft des Yoga, München 1982
Vivekananda, Raja-Yoga, Freiburg 1983

XI. Bhakti-Yoga

Wer mir in Liebe treu ergeben ist,
Und mich in Wahrheit ehrfurchtsvoll verehrt,
Dem geb' ich gerne meiner Weisheit Kraft,
Und meine Gnade leitet ihn zu mir.

Bhagavad Gita

Wenngleich Bhakti-Yoga (Skrt., der Weg zu Gott durch Liebe und Hingabe) ein Teil der mystischen Tradition des Ostens ist, so zeigt die Übersetzung aus dem Sanskrit, daß mit dieser Bezeichnung der in allen religiösen Überlieferungen zu findende Weg der Gottesliebe beschrieben wird. Wer offenen Herzens die Lebensgeschichte eines Franziskus, eines Rumi, eines Ramakrishna oder Pater Pio studiert, wird leicht zu der beglückenden Erkenntnis gelangen, daß hier gleiche Erfahrungsinhalte in unterschiedliche Bilder, Symbole und Worte gekleidet wurden. Als charakteristisch für das Wesen des Bhakti-Pfades können die folgenden Sätze von Vivekananda betrachtet werden: "Bhakti-Yoga ist eine wahre, aufrichtige Suche nach Gott. Sie beginnt in Liebe, verläuft in Liebe und endet in Liebe. Ein einziger Augenblick der Hingerissenheit in höchster Liebe zu Gott bringt uns ewige Freiheit." (1)

Der Bhakti-Weg zeichnet sich, mehr als jeder andere spirituelle Pfad, durch vollständige Hingabe und das Aufge-

---

1) Vivekananda, Karma-Yoga und Bhakti-Yoga, Freiburg 1973, S. 145

ben jeglicher Art von Egoismus aus. Nur eine wahrhaft demütige Seele wird auf dem Weg der Liebe Erfüllung finden, denn "Gott kann so lange nicht erfahren werden, als noch der geringste Wunsch nach Macht im Herzen des Menschen verborgen ist." (1)

Auf dem christlichen Weg zählt daher die Barmherzigkeit zu den wesentlichen Vorbedingungen für die wahrhafte Gottesliebe. Einer der großen Bhaktas des Christentums, der Kapuziner Pater Pio, fand bewegende Worte für dieses göttliche Gebot im Herzen jedes Suchers. "Von der Substanz her ist die Liebe zu Gott die einfache und ernsthafte Vorliebe, die Gott um Seiner unendlichen Güte willen vor alles stellt. Wer Gott in solcher Weise liebt, liebt ihn aus der Substanz der Barmherzigkeit heraus. Wird diese Liebe von einer Lieblichkeit begleitet, die den ganzen Willen erfüllt, dann entsteht die Liebe in der geistigen Bewegung. Tritt sie in das Herz, das sie mit Eifer und Süßigkeit erfüllt, dann ist es die Bewegung der sinnlichen Liebe. Zur höchsten Vollendung erhebt nur Gott die Seele. Er führt sie zu Sich empor." (2) Die besondere Bedeutung der Gnade, wie wir sie vorrangig auf dem Pfad der Gottesliebe finden, hebt schon der große Sufi-Mystiker Rumi hervor, wenn er in seinen göttlichen Liebesliedern singt: "Nicht ein einziger Liebender würde Vereinigung suchen, wenn der Geliebte sie nicht suchen würde." (3) Diese Suche wird

---

1) Ramakrishna, Leben und Gleichnis, München 1983, S. 81

2) Charles M. Carty, Pater Pio, München 1954, S. 152

3) Vgl. bezüglich der Gottesliebe im Sufismus: Annemarie Schimmel, Mystische Dimensionen des Islam, Köln 1985, S. 191 ff.

nicht auf die Meditation begrenzt bleiben. Jede Handlung des täglichen Lebens sollte von dieser Gottesliebe durchdrungen sein, in jedem Augenblick sollte der Ruf des göttlichen Geliebten im Herzen vernommen werden. Für Pater Pio, der sein tägliches Leben als ein immerwährendes Gebet verstand, öffnet die Zuwendung des Betenden diesen für das Einströmen Gottes. "Das Gebet ist ein Überströmen unseres Herzens in dasjenige Gottes ... Wenn es recht gesprochen wird, so bewegt es das göttliche Herz und lädt es dazu ein, uns zu erhören. So wollen wir versuchen, unsere ganze Seele auszuströmen, wenn wir uns anschicken, zu Gott zu beten. Er läßt sich von unseren Gebeten ergreifen, um uns zu Hilfe kommen zu können." (1) Noch radikaler versucht Vivekananda die Reinheit der Liebe zu betonen, indem er selbst das Gebet, sofern es nicht reine Hingabe ist, ablehnt. (2) "Bittgebete sprechen nicht die Sprache der Liebe. Man sollte Gott nicht einmal um Erlösung bitten. Liebe kennt keinen Lohn. Liebe ist um der Liebe willen da. Der Gottliebende liebt, weil er nicht anders kann."

Die praktische Ausformung des Bhakti-Weges läßt sich nicht in Form einer allgemeinen Anleitung schreiben, denn wer wollte der Gottesliebe irgendwelche Grenzen setzen oder für sie Richtlinien aufstellen. Der 'Gegenstand' der liebenden Verehrung und die Art und Weise dieses Geschehens muß und wird immer das verborgene Seelen-Mysterium des einzelnen Suchers bleiben.

1) Sven Loerzer, Pater Pio, Aschaffenburg 1985, S. 83

2) Vivekananda, a.a.O., S. 234 · Vgl. zum Bhakti-Yoga auch:
   Walther Eidlitz, Die indische Gottesliebe, Olten 1955

Hier begegnen sich, wenn die Formen und Bilder überstiegen werden, die namenlose Gottheit und der unsterbliche Geist im Urgrund.

Einen zarten Dufthauch dieses unaussprechlichen Geheimnisses strömt die nachstehende Meditationsübung aus, die White Eagle "Die Rose der Liebe" nennt, und die als beispielhaft für den Pfad der Gottesliebe angesehen werden kann. "Lieben heißt, dem Gott im eigenen Herzen treu sein. Ziehe dich nun zurück in den Tempel deines Herzens und meditiere über die vollkommene Rose. Sie liegt auf dem Altar im Tempel deines Herzens. Ihre rosa Blütenblätter öffnen sich dem Licht der Sonne. Jedes Blütenblatt hat Leben und strahlt Licht aus. Im Herzen der Rose glüht ein unbeschreiblich schönes Licht ... Laß dich ganz einhüllen in diese Blütenblätter – in das sanfte, perlende Licht ... Du bist im Tempel der Rose ... Das Sonnenlicht strömt von oben herab in dein Herz ... Die Sonne – die geistige Sonne – ist der Christus, die All-Liebe. Du bist im Zentrum, im Herzen der Rose, bist Teil von IHM und EINS mit der gesamten Menschheit." (1)

---

1) White Eagle, Die Stille des Herzens, Forstinning 1984, S. 56

XII. Mantra-Yoga

Das Gebiet des Mantra-Yoga gehört zu den interessantesten Bereichen meditativer Praxis; zugleich aber auch zu den gefährlichsten. Das Wort "Mantra" leitet sich aus den beiden Sanskrit-Wurzeln "man" (denken) und "trai" (beschützen oder befreien aus der Weltverhaftetheit) ab. Eine freie deutsche Übersetzung für Mantra könnte daher lauten "der Gedanke, der befreit und beschützt."

Die Mantras sind von jeher mit dem Mantel des Geheimnisvollen oder Magischen umgeben worden. Dies mag mit der Tradition und der initiatorischen Weitergabe des Mantras zusammenhängen, entspricht aber offensichtlich nicht der ursprünglichen Bedeutung. "Mantras sind weder magische Beschwörungsworte, deren innewohnende Macht die Gesetze der Natur aufhebt, noch sind sie Formeln für die psychatrische Therapie oder zur Selbsthypnose. Sie besitzen keine irgendwie ihnen eigene Macht, sondern sind Mittel zur Erweckung und Konzentrierung bereits vorhandener Kräfte der menschlichen Psyche. Sie sind archetypische Laut- und Wortsymbole, die ihren Ursprung in der natürlichen Struktur unseres Bewußtseins haben. Sie sind darum nicht willkürliche Schöpfungen individueller Initiative, sondern entstehen aus der kollektiven oder allgemein menschlichen Erfahrung, modifiziert allein durch kulturelle oder religiöse Tradition." (1) Aus dieser Einschätzung heraus weist Lama A. Govinda auch die Auffassung, die Wirksam-

---

1) Lama A. Govinda, Schöpferische Meditation und Multidimensionales Bewußtsein, Freiburg 1977, S. 92

keit eines Mantras hänge von seiner korrekten Intonation ab, als Aberglaube zurück. Als Begründung führt er das klassische "Om Mani Padme Hum" an, das in der tibetischen Aussprache vom Sanskrit variiert, ohne deswegen seine spirituelle Wirksamkeit zu verlieren. (1)

Eine umfassende Studie über das Mantra-Shastra, das große Lehrgebäude der Mantras, erstellte in jahrzehntelanger Arbeit der Engländer John Woodroffe (A. Avalon).(2) Er widmete sich vor allem dem Einfluß der durch mantrische Praxis erzeugten Energien (Kundalini) auf die Chakras und den damit verbundenen Transformationsprozessen. Woodroffe's Bücher sind wenig hilfreich für den Laien und erfordern, um praktischen Nutzen aus ihrer Lektüre zu ziehen, zumindest Grundkenntnisse des Sanskrit.

Durch die Transzendentale Meditation (TM) des Maharishi Mahesh Yogi hat der Mantra-Yoga im Westen die weiteste Verbreitung gefunden. Dabei hat die weitgehende Entkleidung der TM von aller indischen Tradition sicher am stärksten dazu beigetragen. Der 'normale' TM-Prakti-

---

1) In dieser Auffassung wird Govinda von John Blofeld bestätigt (Die Macht des heiligen Lautes, München 1978, S. 23). In seinem tiefgreifenden Werk über die geheime Tradition des Mantra analysiert er das mantrische Schrifttum, unter detaillierter Angabe zahlreicher Mantras. Dies erscheint nicht unproblematisch, und vor einer unwissenden und daher leichtfertigen Anwendung dieser Mantras kann nur gewarnt werden!

2) Erstaunlicherweise wandte sich Woodroffe nach seinen tiefschürfenden indischen Forschungen wieder dem Katholizismus zu und starb auch in dessen Schoß (Vgl. Bernard Bromage, Tibetan Yoga, Wellingborough 1979, S. 215). Zu seinen wesentlichen Werken, die unter dem Pseudonym Arthur Avalon veröffentlicht wurden, zählen "Die Schlangenkraft", München 1975[2] und "The Garland of Letters", Madras 1974[6].

zierende weiß weder um die Abstammung der TM aus der Shankara-Tradition, noch um ihre Verbindung zum Tantrismus oder um weitere kulturelle und geistesgeschichtliche Bezüge.

Grundprinzip der TM ist die Annahme, daß der Geist stets zur ihm angenehmsten Seinsebene wandert. Umgesetzt auf das Denkvermögen des Mensccchen bedeutet dies, daß der Geist zur Quelle der Gedanken zurückgeführt werden muß, da dies, so Maharishi M.Y., die Quelle der Glückseligkeit ist. "Es ist die natürliche Tendenz des Geistes, sich zu einem Bereich größeren Glücklichseins hingezogen zu fühlen. Da in der Übung der transzendentalen Meditation der bewußte Geist der Erfahrung des transzendentalen, absoluten Seins zugewendet wird, dessen Natur Seligkeitsbewußtsein ist, findet der Geist den Weg dorthin in dem Maße gesteigert anziehend, als er in Richtung der Seligkeit fortschreitet. Der Geist wird bezaubert und dadurch zur Erfahrung des transzendentalen Seins geführt. Die Übung ist angenehm für jede Art von Geist. Wie immer der Entwicklungszustand des Strebenden ist, sei er emotional bestimmt oder intellektuell fortgeschritten, sein Geist wird auf jeden Fall durch die ihm innewohnende Tendenz, sich zu einem Bereich größeren Glücklichseins zu begeben, einen Weg finden, den subtilsten Zustand des Denkens zu überschreiten (transzendieren) und in der Seligkeit des absoluten Seins anzulangen. Diese Übung ist deshalb nicht nur einfach, sondern auch vollkommen automatisch." (1)

---

1) Maharishi M.Y., Die Wissenschaft vom Sein, Stuttg. 1966, S. 61,
   TM-Meditationszentren finden sich in jeder Großstadt u. sind im Tel.-Buch auffindbar.

Durch die denkende Verwendung eines Mantra soll der Geist in feinere Ebenen geführt werden, bis er auch diese letztlich übersteigt und so den transzendenten Bereich betritt. Bei Maharishi M.Y. steht also die *Machbarkeit* des Eindringens in die Transzendenz im Vordergrund, während etwa beim Bhakti-Yoga oder im Integralen Yoga Aurobindos (sh. Kap. XIII) mehr der gnadenhafte Herabkunfts-Gedanke dominiert.

TM zählt zu den effektivsten und am schnellsten Wirkung zeigenden östlichen Meditationsformen, sie birgt aber auch nicht unwesentliche Gefahren und ist sicher nicht für jedermann geeignet. Blinde Kritik an der TM und verantwortungsloses Veröffentlichen von TM-Mantras dürfte allerdings keinesfalls der richtige Weg sein, um die Frage der Nützlichkeit des Mantra-Yoga für den Westen zu klären. (1)

Eine bemerkenswerte Variante des Mantra-Yoga entwikkelte der Benediktiner Bede Griffiths, der in Indien einen christlichen Ashram leitet, dessen Mitbegründer Swami Abhishiktananda war, der vielleicht am tiefsten in die indische Weisheit eingedrungenste Christ. Griffiths wandelte das klassische indische Mantra "Om Namah Shivaya" in ein "Om namah Christaya" um, damit die zentrale Gestalt der Anbetung (Ishta Devata) verändernd und verchristlichend. Dies stellt einen bemerkenswerten neuen Aspekt des Mantra-Yoga dar und könnte dem vor östlichem Geistesgut zurückscheuenden Christen

---

1) Ein schlimmes Beispiel von emotionaler Unsachlichkeit stellt das Buch von Therese Schulte - "TM und wohin sie führt" (Stuttgart 1980) dar.

1) Vgl. zu Bede Griffiths, Maria Wirth, Im Namen Gottes zur täglichen Meditation, Esotera 2/1986, S. 19 ff.

die positiven Wirkungen des Mantra-Yoga erschließen. (1)
Der Gebrauch eines Mantras kann vor allem für sehr ra-
tional-ausgerichtete Menschen ein Einstieg in ein neues
(über-rationales) Denken bedeuten, denn "ein Mantra -
ähnlich einem KOAN - widersteht jeder Rationalisierung,
hat aber dem KOAN gegenüber den Vorteil, gleich zu einer unmittelbaren Erfahrung zu führen und es nicht wie
bei jenem dem Zufall zu überlassen, ob eine solche zustandekommt. Auch hat jedes Mantra eine spezifische
Richtung, die den Sadhaka (den geistigen Sucher, d.
Verf.) in immer tiefere Bewußtseinsbereiche führt – unabhängig davon, ob er die höchste Verwirklichung erreicht oder nicht." (2) Dieser Einstieg in eine neue Tie-
fendimension des Bewußtseins wird gerade für den Anfänger häufig Motivation für weitere Bemühungen sein,
wobei er auf den Trugschluß achten sollte, anzunehmen,
es würden sämtliche transformatorischen Prozesse gewissermaßen "von allein" ablaufen, und er brauche sich
nur noch mantra-murmelnd zurückzulehnen. Die ihm
aus der Mantra-Meditation zufließenden Energien sind
allein seiner Verantwortung unterstellt, und von der vollen Beachtung der ethischen Grundgesetze wird er niemals entbunden.

Mantras können äußerst wirksame Hilfsmittel sein, sie
vermögen sich als Schlüssel zu einer neuen Dimension
zu erweisen, als Einfallstor für das göttliche Licht. Sie

1) Vgl. zu Bede Griffiths, Maria Wirth, Im Namen Gottes zur täglichen Meditation, Esotera 2/1986, S. 19 ff.

2) Govinda, Schöpf. Med., a.a.O., S. 103

können aber bei falscher Anwendung extremen Scha-
den anrichten, so daß nur unter Anleitung und Aufsicht
eines wahrhaften Meisters der Weg des Mantra-Yoga beschritten werden sollte. (1)

1) Ergänzende Literatur zum Thema "Mantra Yoga" in englischer Sprache:
Sw. Sivananda Radha, Mantras - Words of Power, Porthill 1982[2]
P. Usharbudh Arya, Mantra & Meditation, Honesdale 1981,
Sanjukta Gupta, Laksma Tantra, Leiden 1972

XIII. Integraler Yoga

In der Wahl des Namens kennzeichnete Aurobindo bereits den Charakter seines Yoga-Weges. Er sollte eine Synthese aller traditionellen Yoga-Formen sein und in dieser Synthese zugleich eine neue Öffnung, ein Voranschreiten zu einer höheren Stufe.

Aurobindos Yoga-System könnte in moderner Terminologie auch als "liberaler Yoga" bezeichnet werden, denn es handelt sich um einen Yoga-Weg der individuellen Freiheit, der individuellen Verantwortung und der Dogmenlosigkeit. Aurobindo versuchte das Neue seines Yoga-Pfades in seiner Autobiographie in drei Punkten zu umreißen.

1) Yoga soll keine Weltflucht, sondern eine Weltumwandlung sein. Der Bewußtseinsaufstieg soll vervollständigt werden durch die Herabkunftsidee.

2) Individuelle Verwirklichung und Umwandlung des Erdenbewußtseins sollen Hand in Hand gehen.

3) Auf den alten, traditionellen Wegen aufbauend, soll ein neuer Pfad gefunden werden.

"Unser Yoga ist kein Daherschreiten auf alten Wegen, sondern ein spirituelles Abenteuer. (1)

Die geistige Offenheit Aurobindos spiegelt sich auch in seiner Einstellung zu den heiligen Schriften seines Landes. Sie galten ihm stets als Quelle der Weisheit und Inspiration, ohne jedoch jemals in den Rang unabänderlicher dogmatischer Lehrbücher erhoben zu werden. (2)

---

1) Aurobindo, On Himself, Pondicherry 1953, S. 109

2) ders., Die Synthese des Yoga, Gladenbach 1976[2], S. 65

"Wo die Schrift tief, weit und umfassend ist, kann sie auf ihn (den Sucher, d. Verf.) Einfluß zum höchsten Guten ausüben und von unberechenbarer Wichtigkeit sein. Sie mag sich in einer Erfahrung mit seinem eigenen Erwachen zu überragenden Wahrheiten und mit seiner Realisation der höchsten Erlebnisse vereinigen ... Schließlich muß er aber doch seinen eigenen Standpunkt einnehmen; oder besser: er soll, wenn er es vermag, immer und von Anfang an unabhängig von der geschriebenen Wahrheit in seiner eigenen Seele leben, über allem stehend, was er je hörte und noch zu hören bekommt. Denn er ist nicht der Sadhaka eines Buches oder vieler Bücher; er ist der Sadhaka des Unendlichen." Der "Sadhaka des Unendlichen", mit dieser Bezeichnung könnte Aurobindo die Bezeichnung für den geistig Strebenden der kommenden neuen Zeit gefunden haben.

Aurobindo entwickelte keine spezielle Meditationsform (Technik), die er als universal gültig oder einzigartig für seine Schüler ansah. (1) Sein Integraler Yoga sollte zur Läuterung des Gottessuchers anleiten, ihn vorbereiten, um sich für die Herabkunft des Göttlichen zu öffnen. Die vorausschauende Weisheit Aurobindos zeigt sich vor allem auch darin, daß er die unbedingte Notwendigkeit des Erkennens der Einheit aller Menschen als zentrales Anliegen des Yoga lehrte. Die Befreiung des Einzelnen wird nicht allein als private Angelegenheit eines abgeschieden meditierenden Asketen betrachtet, sondern im

---

1) Über die praktischen Hinweise Aurobindos zur Ausübung des Yoga vgl.:
A Practical Guide to Integral Yoga, Pondicherry 1973[6], In Deutschland leben zwei spirituelle Gruppen nach den Prinzipien Aurobindos: Mirasangha, Elisabethweg 34, D-8033 Planegg u. Indragni, Merschstr. 49, 4715 Aschberg-Herbern

Zusammenhang mit der Gesamtmenschheit gesehen. "Es muß zwar immer erstes Ziel des Yoga sein, die menschliche Seele individuell zu befreien, damit sie in ihrem spirituellen Sein, Bewußtsein und in ihrer Seligkeit zur Einung mit dem Göttlichen Wesen gelangt. Sein zweites Ziel ist die Teilnahme des Menschen in freier Weise am kosmischen Sein des Göttlichen Wesens. Daraus ergibt sich ein drittes Ziel: Der Mensch soll die Bedeutung der göttlichen Einheit mit allen Wesen dadurch wirksam machen, daß er mitfühlend und aktiv an der geistigen Absicht teilnimmt, die das Göttliche Wesen mit der Menschheit hat. So tritt der individuelle Yoga aus seiner Abgeschiedenheit hervor und wird zu einem Teil des kollektiven Yoga der Göttlichen Natur im Menschen. In seinem natürlichen Wesen wird nun der individuelle Mensch, dessen Selbst und Geist in Gott geeint ist, zu einem sich immer weiter vervollkommnenden Instrument für das Aufblühen des Göttlichen Wesens in der Menschheit." (1) Den konkreten Weg sah Aurobindo grundsätzlich als Drei-Schritt strukturiert:

1) Sich der göttlichen Allgegenwart zuwenden
2) Sich vertrauensvoll der göttlichen Gegenwart öffnen
3) Beiseitetreten u. die göttliche Gegenwart wirken lassen

Mit diesem Yoga-Verständnis berührt Aurobindo die Mitte des christlichen Weges, wenn der Christ in seinem Herzen spricht: "Nicht mein, sondern Dein Wille geschehe." Nicht die Machbarkeit der Erleuchtung steht im Vordergrund, sondern das gnadenhafte Geschehen, der

---

1) Synthese d. Yoga, a.a.O., S. 623

Einbruch einer höheren Wirklichkeit. Der "Durchbruch zum Wesen" geschieht durch Hingabe, durch Übereignung an eine göttliche Wahrheit, die der Sucher ahnend und tastend zu erspüren sucht, denn allein "durch Glauben, Streben und Hingabe kann dieses Sich-Öffnen erfolgen." (1) Aus Liebe wendet sich der Mensch der Transzendenz zu und erfährt in dieser Zuwendung eine höhere Liebe. "Zuerst steigt die göttliche Liebe als etwas Transzendentes und Universales herab, und aus dieser Transzendenz und Universalität teilt sie sich, der göttlichen Wahrheit und dem göttlichen Willen gemäß, dem Menschen mit, indem sie eine göttliche umfassendere, größere, reinere Liebe schafft, als irgendein menschlicher Geist und menschliches Herz es jetzt auszudenken vermögen. Wenn man diese Herabkunft gefühlt hat, dann kann man wirklich ein Instrument für die Geburt und das Handeln der göttlichen Liebe in der Welt werden." (2)

Trotz seiner brillanten Analysen und erhellenden mentalen Darlegungen, war Aurobindo im Innersten seines Herzens ein Bhakta, ein Gottliebender. Seine überragende Bedeutung für den Westen liegt in der außergewöhnlichen Klarheit, mit der er seine Botschaft zu vermitteln vermag. Erscheint Ramakrishna manchem Abendländer als "zu indisch", um leitend für ihn zu sein, so wird Aurobindo nachvollziehbarer für westliche Intellektualität, da Weisheit und Liebe, Philosophie und Hingabe in einzigartiger Weise in einer erleuchteten Person

---

1) Aurobindo, Briefe über den Yoga Bd. II, Pondicherry 1979, S. 134

2) Letters of Sri Aurobindo, First Series, 2nd. Ed. 1950, S. 231 (Übs. O. Wolff)

vereint waren. Aurobindo selbst ließ allerdings über die Priorität des Integralen Yoga keinen Zweifel. "Das ganze Prinzip dieses Yoga besteht darin, sich gänzlich dem Göttlichen allein zu geben und niemandem und nichts sonst, und durch die Einung mit der Göttlichen Mutter-Macht all das transzendente Licht, die Kraft, die Weite, den Frieden, die Reinheit, das Wahrheits-Bewußtsein und den Ananda (Glückseligkeit, d. Verf.) des supramentalen Göttlichen in uns herabzubringen." (1)

---

1) Briefe Bd. IV, Pondicherry 1983, S. 271

XIV. Zen

Ein Gärtnermönch nahte sich einst dem Meister und suchte Einweihung in Zen. Der Meister sprach: "Kommt wieder, wenn niemand in der Nähe ist, und ich werde dir sagen, was es ist." Am nächsten Tag ging der Mönch wieder zu dem Meister und als er sah, daß niemand zugegen war, flehte er ihn an, ihm das Geheimnis zu offenbaren. Der Meister sprach: "Kommt näher an mich heran." Der Mönch näherte sich ihm, wie befohlen. Der Meister sprach: "Zen ist etwas, das nicht durch Worte vermittelt werden kann." (1)

Zen-Meditation entwickelte sich in Europa nach dem 2. Weltkrieg zur wohl bekanntesten und in weiten Kreisen akzeptierten (Katholische Kirche) Versenkungsform, wobei die Varianten des praktischen Weges zahlreich zu nennen sind. Hinzu kommt die Vielfalt der am Zen ausgerichteten kulturellen oder sportlichen Aktivitäten (Bogenschießen, Kampfsportarten, Ikebana, Tee-Zeremonie, Malerei etc.). All dies setzt sich zu einem schillernden Mosaik zusammen, das vielleicht als "Zen-Weg" zu bezeichnen wäre.

Zen übt interessanterweise eine große Attraktion auf Intellektuelle aus, was Suzuki mit der Möglichkeit des Zen erklärt, im Satori (Erleuchtung) über diesen "Engpaß" hinauszuführen. (2) Vergleicht man die Grundstruktur und Wesenszüge des Zen etwa mit jenen des Bhakti-Yoga, so wird man zu der Überzeugung gelangen, im Zen eher

---

1) Daisetz T. Suzuki, Erfülltes Leben aus Zen, München 1973, S. 15 f.

2) ebd., S. 82

eine 'männlich-harte', im Bhakti-Yoga eher eine 'weiblich-weiche' Spiritualität vor sich zu haben. Diese Kategorisierung muß natürlich unvollkommen sein, doch vergleicht man etwa den "Meister O." in G. Ital's Buch "Der Meister, die Mönche und Ich" mit einer Bhakti-Heiligen wie Anananda Mayi Ma, so wird doch ein typischer Unterschied deutlich. Auch die Tatsache, daß in der Regel Männer zum Zen-Meister avancieren, mag als Hinweis gelten. Der zum Zen tendierende Sucher sollte daher eine gewisse Sympathie für asketische Strenge und Disziplin mitbringen.

Der äußere Rahmen der Zen-Meditation ist genau festgelegt, soll aber hier nicht im einzelnen erläutert werden (vgl. dazu die Sekundär-Literatur). Den inneren Kern des Zen-Weges bildet das Za-Zen (die Sitz-Meditation). Pater Lasalle, einer der Pioniere für die Einführung des Zen im Westen, unterscheidet bei Za-Zen drei Elemente: Erstens die korrekte Körperhaltung, zweitens die richtige Atmung, drittens die angemessene innere Haltung. Als Körperstellung wird der Lotossitz empfohlen, eine kerzengerade gehaltene Wirbelsäule und die Augen in etwa einem Meter Entfernung auf den Boden gerichtet. Die Atmung wird sehr konzentriert ausgeführt, wobei in natürlichem Rhythmus bewußt durch die Nase ein- und ausgeatmet wird. Zur besseren Konzentration kann der Anfänger die Atmung durch Zählen kontrollieren. In der Endphase wird der Schüler nur noch Atmung sein, seine Aufmerksamkeit ist völlig von der Außenwelt abgezogen. Das spirituelle Ziel des Za-Zen ist die Entleerung des Bewußtseins. Als ein Mittel zu dessen Verwirklichung kann ein sogenanntes Koan dienen. Koan (jap.) heißt wörtlich übersetzt "öffentlicher Aushang" oder "öffentliche Urkunde". Die traditionelle Zählung geht von etwa 1700 existierenden Koans aus. Der Schüler, der vom Meister ein Koan erhält, versucht zuerst eine intellektuelle Lösung auf das Koan zu finden. Da dies unmöglich ist, der Meister jedoch immer eindringlicher auf eine Antwort drängt, durchbricht der Schüler letztlich die Ebene der Logik, verschmilzt mit dem Koan. Setzt er dann die Meditation fort, kann er schließlich zu einem weitgehend entleerten Bewußtseinszustand gelangen, von dem aus es nur noch eines winzigen Anstoßes bedarf, um Satori zu erfahren.

Einige der Koans seien hier genannt:

"Der Meister Jyoshu wurde einst von einem Mönch gefragt: "Hat ein Hündlein auch Buddhanatur, oder nicht?" Jyoshu antwortete: "Mu." ("Mu" bedeutet "nichts") (1)

"Wenn dein Geist nicht im Zwiespalt von Gut und Böse weilt, was ist dann dein ursprüngliches Antlitz, bevor du geboren warst?" (2)

"Wenn ihr auf der Straße einen trefft, der die Wahrheit erlangt hat, dürft ihr an ihm weder sprechend noch schweigend vorübergehen. Nun sagt: Wie wollt ihr ihm dann begegnen?"

1) Vgl.: G. Ital, Der Meister, die Mönche und Ich, München 1982, S. 72
2) D.T. Suzuki, Die große Befreiung, München 1983[10], S. 144

"Der Priester Shusan hielt der Versammlung (der Mönche) den Stock (das Würdezeichen der Meister) vor Augen und sagte: Wenn ihr es nicht Stock nennt, ist es verkehrt. Wenn ihr dies einen Stock nennt, ist es anstößig. Nun sagt, wie wollt ihr es nennen?" (1)

"Höre das Klatschen einer Hand." (2)

Der Durchbruch zu Satori, der mittels des Koan erreicht werden soll, bewirkt eine vollständige Wesensänderung des Menschen. Er gelangt zu einer neuen Sicht der Wirklichkeit, er erfährt sich im "ewigen Jetzt", um mit Meister Eckhart zu sprechen. "Satori wird erlangt, wenn die Ewigkeit in die Zeit eindringt oder in die Zeit eingreift. Man könnte, was das gleiche ist, auch sagen, wenn die Zeit in die Ewigkeit übergeht." (3)
Wie die Schilderung des Samadhi, so erweckt auch die Wiedergabe des Satori-Erlebens häufig den Eindruck einer gewissen Finalität. Mit diesem Einbruch in die Transzendenz scheint Evolution vollendet zu sein. (4) Viel-

1) Vgl.: Eugen Herrigel, Der Zen-Weg, München 1970[3], S. 25 (die viell. beste Einführung in das Zen)

2) Vgl.: Ernst Benz, Zen in westlicher Sicht, Weilheim 1962, S. 50

3) Suzuki, Leben, a.a.O., S. 47

4) ebd., S. 78

Weitere empfehlenswerte Literatur zum Zen:

Eido Shimano Roshi, Der Weg der wolkenlosen Klarheit, München 1982
Günther Stachel (Hrsg.), Ungegenständliche Meditation, Mainz 1978
Gerta Ital, Auf dem Weg zu Satori, Weilheim 1971

Zen-Zentren:

Mumon Kai, Frohnauer Str. 148, 1 Berlin 28 · Haus der Stille, Mühlenweg 20, 2059 Roseburg · Zendo, Robert-Blum-Str. 5, 6 Frankfurt · Graf Dürckheim, 7867 Todmoos-Rütte, Zen-Dojo, Paradiesstr. 9, 8000 München 22

leicht, täuscht dieser Gedanke, denn Suzuki versucht gerade Satori als "dynamische Intuition" zu veranschaulichen. Trotzdem fehlt der Blick auf eine Perspektive, wie sie etwa Aurobindo als wesentliches Charakteristikum der Erleuchtung dargestellt hat, indem er auch die Erfahrung des Supramentalen nur als einen Schritt auf dem ewigen Pfad ansah.

XV. *Arya Maitreya Mandala*

Im November des Jahres 1952 gründete Lama Anagarika Govinda in Indien den westlichen Zweig des Ordens Arya Maitreya Mandala (AMM). Govinda, in Dresden geboren, darf als der wohl bedeutendste buddhistische Weise dieses Jahrhunderts gelten. Seine Werke erschließen den Buddhismus völlig neu in einer grandiosen Gesamtschau, die allzeit getragen wird von tiefem inneren Erleben. "Arya Maitreya" gilt als der kommende und schon jetzt in der Welt wirkende Buddha, und, da Maitreya der einzige Bodhisattva ist, der die Anerkennung aller Schulen des Buddhismus findet, stellt er eine Art Bindeglied zwischen den verschiedenen Traditionen des Buddhismus dar.

Der AMM gewinnt zunehmend an Bedeutung im deutschsprachigen Raum, was nicht zuletzt durch die starke Betonung des Meditativen bedingt ist. Lama Govinda setzte sich in seinen grundlegenden Büchern intensiv mit der spirituellen Praxis in Ost und West auseinander und öffnete in der buddhistischen Meditation eine neue (alte?) Dimension. "Der Zweck der buddhistischen Meditation ist darum nicht, bloß in den Zustand der Unerschaffenheit zurückzusinken, in einen Zustand völliger Beruhigung mit leerem Geist; es ist nicht eine Regression ins Unbewußte oder eine Erforschung der Vergangenheit, sondern ein Vorgang der Transformation oder der Transzendierung, in dem wir uns der Gegenwart völlig bewußt werden und mit ihr der unbegrenzten Macht und Möglichkeiten des Geistes, zu Meistern unseres Schicksals zu werden durch die Pflege jener

Qualitäten, die zur Verwirklichung unserer zeitlosen Natur führen: zur Erleuchtung.

Statt uns also der Betrachtung einer Vergangenheit hinzugeben, an der wir nichts ändern können und auf die wir nicht den geringsten Einfluß haben, säen wir in der Meditation die Samen endgültiger Befreiung und gestalten damit schon jetzt die Körper zukünftiger Vollendung nach dem schöpferischen Bild unserer höchsten Ideale." (1) Lama Govinda ruft zur Suche nach der verlorenen Ganzheit des Menschen auf. Der Verlust der Innerlichkeit, der dem Menschen des Westens immer schmerzlicher bewußt wird, kann nur durch eine neue Verbindung von äußerer und innerer Welt kompensiert werden. "Meditation ist das Mittel, um den einzelnen wieder mit dem Ganzen zu verbinden." (2)

Govinda empfiehlt die Nutzung von Mantras als Hilfsmittel zur Meditation, sieht vor allem eine effektivere Wirkung als etwa bei den Koans des Zen. "Ein Mantra – ähnlich einem KOAN – widersteht jeder Rationalisierung, hat aber dem KOAN gegenüber den Vorteil, gleich zu einer unmittelbaren Erfahrung zu führen und es nicht wie bei jenem dem Zufall zu überlassen, ob eine solche zustandekommt. Auch hat jedes Mantra eine spezifische Richtung, die den Sadhaka in immer tiefere Bewußtseinsbereiche führt – unabhängig davon, ob er die höchste Verwirklichung erreicht oder nicht. Und was noch wesentlicher ist: Es kann niemals in die Irre führen, da es nicht die Lösung eines Problems erstrebt, sondern die

---

1) Lama A. Govinda, Der Weg der weißen Wolken, München 1976, S. 181 f.

2) ders., Buddhistische Reflexion, München 1983, S. 75

Auflösung der Hindernisse und Hemnisse, das Lösen der Knoten, in die wir uns wie in einem Netz bewußt oder unbewußt durch unsere Wünsche, unsere Vorurteile und die sich akkumulierenden Auswirkungen unseres vielfältigen Verhaftetseins verfangen haben.

Jeder Gedanke schafft einen neuen Gedanken, und jede Antwort wirft eine neue Frage auf. Nur wenn unsere Gedanken zur Ruhe kommen und unser Bewußtsein wieder den Zustand reinen Leuchtens und Empfindens gewinnt, öffnen sich die Tore der großen Mysterien des Geistes, und die ganze Fülle der Kraft und Realisation kommt über uns." (1)

Die Mantras stehen mit bestimmten Energie-Zentren des Körpers (Chakras) in Verbindung und können, bei entsprechender (sachkundiger) Anwendung tiefgreifende Wirkungen erzielen.

In seinem epochalen Werk "Schöpferische Meditation und Multidimensionales Bewußtsein" legt Lama Govinda detailliert seine Anweisungen zur meditativen Praxis dar. Von der Betonung der Imagination über spezielle Atemtechniken und Körperhaltungen bis hin zur Verbindung von Meditation und Kunst entfaltet sich ein beeindruckendes Spektrum. (2) Jedem an Meditation In-

---

1) ders., Schöpferische Meditation und Multidimensionales Bewußtsein, Freiburg 1977, S. 103

2) Für nähere Angaben über Meditations-Seminare etc. können sich Interessierte an die Ordenszentren in Deutschland und Österreich wenden:
AMM, Ven. Sabine Thielow, Zum Rebösch 26, 777 Überlingen-Hödingen
AMM, Karl Schmied, Postfach 1244, 7310 Plochingen
AMM, Wurlitzergasse 77/4, A-1160 Wien

teressierten sei dieses große Werk ans Herz gelegt. Govinda wollte mit seiner Ordens-Gemeinschaft vor allem dem Gebot des Buddha auf freie Entfaltung der Spiritualität des Individuums Rechnung tragen. Kein Dogma sollte den PFAD bestimmen, sondern die eigene Erfahrung. "Die größte Kenntnis kann uns nicht helfen, wenn wir sie nicht durch eigene Anstrengung erworben haben. Daher ist das Aufzeigen des Pfades, der zur Verwirklichung der Wahrheit führt, die vornehmste Aufgabe des Lehrers: denn Erleuchtung entsteht durch Beseitigung der Hindernisse, die das Licht verdecken.

Licht ist universal, aber jeder muß es mit seinen eigenen Augen sehen." (1)

---

1) Buddh. Refl., S. 12

XVI. Christliche Mystik

"Es kommt nicht darauf an, daß wir für Jesus glühen und schwärmen, auch nicht, daß wir ihn anbeten und ihn in unseren Gedanken herrschen lassen, sondern daß er in uns Gestalt gewinnt; aber nicht so, daß er ein Gegenstand unseres Geredes wird. Also wollen wir lieber von ihm schweigen. Die Liebe soll nicht einseitig auf ihn zurückflammen, sondern soll hinausfluten und sich in die Herzen der Menschen ergießen." (1)

Fast zwei Jahrtausende lang wurde das kontemplative Leben des Abendlandes von den Erfahrungen der christlichen Mystiker geprägt. Johannes vom Kreuz, Hildegard von Bingen, Catharina von Siena oder Mechthild von Magdeburg sind nur einige der bedeutenden Namen dieser großen Tradition. Sie formten eine 'christliche Innerlichkeit', die allerdings mit dem Ende der Romantik in bedauerliche Vergessenheit geriet. Die Technisierung und Säkularisierung der alten und neuen Welt drängte, unter dem Banner einer neuen Aufklärung, das mystisch-meditative Moment des Christentums völlig in den Hintergrund. Erst nach dem Abebben der zweiten 'östlichen Woge' (Yoga, Zen etc.) vollzog sich eine Rückbesinnung auf christliche Wege, auf eine Meditationspraxis, die Christus in den Mittelpunkt stellt. Eine treffende Analyse dieses Geschehens liefert Siegfried Scharf in seinem ausgezeichneten Buch "Auf daß Christus lebe in mir": "Nicht wenigen Christen macht es in der heutigen

---

1) Johannes Müller, Jesus Aktuell, Freiburg 1976, S. 94 f.

63

Zeit Schwierigkeiten, *auf Christus hin zu meditieren.*
Diese überraschende Feststellung zeigt sich in der Praxis
immer wieder. Der Grund hierfür liegt in der Regel im
Vorhandensein eines falschen, Angst oder Abwehr erzeu-
genden Christusbildes. Jesus Christus wird nicht gesehen als der, der er in Wirklichkeit ist: als Verkörperung
grenzenloser, erbarmender Liebe, als eins mit dem Geist
der Wahrheit, der auch in uns Erleuchtung und Befreiung zu bewirken vermag. Um die Ängste und inneren
Schwierigkeiten zu überwinden, die einer offenen, vor-
behaltlosen Hinwendung zu Christus in der Meditation
entgegenstehen, sollte zunächst sein Leben, sein Handeln und sein Opfer für die Menschheit in stiller Gebets-
haltung gründlich und meditativ betrachtet werden.
Dann dürften sich die Ängste und Vorurteile allmählich
verlieren, die durch einseitiges oder falsches menschliches Handeln und Bewerten auf Christus übertragen
worden sind und zur Identifizierung mit ihm führten,
wie das z.B. infolge extremer Autoritäts- und Machtausü-
bung oder durch eine sentimental-verzerrte Darstellung
Jesu leicht geschehen konnte." (1)

Die Pervertierung der Christus-Botschaft durch ortho-
dox-kirchliche Dogmatik und religiösen Fanatismus
führte zahlreiche Meditierende, die sich in der Regel gerade durch religiöse Toleranz auszeichnen, von Christus
hinweg zu anderen Lehrern. Überraschenderweise
folgte dann aus der Begegnung mit östlichen Übungs-
weisen eine neue, vertiefte Christus-Erfahrung.

---

1) Siegfried Scharf, Auf daß Christus lebe in mir, Freiburg 1982, S. 93 f.

Die Christus-Wirklichkeit wird im Hier und Jetzt erlebt, als eine kosmische, zeitlose Realität, nicht als geschichtliche Person. "Die Gegenwart des Kosmischen Christus wird dir zuteil, wenn du *Ihn* in kindlicher Einfachheit und Demut suchst. Gelingt dir das, dann wirst du fähig, Seine Liebe, Weisheit und Kraft in dich aufzunehmen. Dann wirst du *eins* mit allem Leben. Dann erlangst du das kosmische Bewußtsein. Du bist auch jetzt vom *Leben* nicht getrennt. Du bist in ihm, bist Teil eines jeden Wesens, bist das Universum selbst. Empfindest du dich im vollen Bewußtsein als Teil dieses kosmischen Lebens, dann spürst du die starke Unterstützung des Kosmischen Christus, und alle Furcht, alle Müdigkeit und alle Unruhe fallen von dir ab." (1)

Die Art und Weise der inneren Christus-Begegnung wird im einzelnen sehr verschieden sein. Sie kann sich über die eher orthodoxen Wege christlicher Bild- oder Wort-Meditation vollziehen, sich im Gottesdienst oder im stillen Gespräch zwischen Schöpfer und Geschöpf ereignen. Die amerikanische Mystikerin Eva Bell-Werber erlebte diese "innere Zwiesprache" in Phasen tiefer meditativer Einkehr. Wie schon viele der Großen im Geiste erkannte auch sie bald, daß sich wahres mystisches Erleben durch schlichte Einfachheit und lautere Demut ausweist. Wenn die Geistseele still wird, in der vertrauensvollen Erwartung der Einkehr des Geliebten, vermag dieser (diese) den geschmückten Altarraum des Herzens zu betreten. "Du sehnst dich nach Entwicklung und dem Wirken für mich. Sei nicht so ängstlich, schreite aus,

1) White Eagle, Meditation, Grafing 1986, S. 86

damit Ich, der Herr deiner Seele, dich auf noch größere und breitere Wege führen kann. Aus dir selbst bist du nichts; nur durch die Anerkennung deiner selbst als eines Teils des Christus-Körpers, als eines Teils der ganzen Einheit kann dein Leben und Werk deinem Herrn annehmbar sein. Sei ganz still, damit die inneren Tiefen deiner Seele durch die Macht meines Geistes erneuert werden können." (1)

Für die Christus-Meditation bedarf es keiner ausgefeilten Versenkungs-Technik (womit deren Wert nicht in Zweifel gezogen werden soll). Der Hinweis auf die kindliche Unschuld, die vertrauend reine Frömmigkeit, wie sie Christus selbst als vorbildlich charakterisiert hat, sollte als Schlüssel für diesen Weg dienen. In diesem Zusammenhang kann es als bezeichnend gelten, wenn viele "Okkultisten", nachdem sie eine Fülle esoterischer Schulen und Lehren durchlaufen haben, als gereifte Seelen wieder zurückzufinden zum Pfad der Liebes-Mystik. (2) Ein Kernstück der Praxis christlicher Mystik, das Herzensgebet, wird nachstehend in einem gesonderten Abschnitt gebührende Beachtung finden. An dieser Stelle soll abschließend eine Übung Erwähnung finden, die zur Einstimmung auf die innere und äußere Christuswirklichkeit dienen kann: "Komme in den ewigen, unendlichen Garten der geistigen Welt. Betrachte die Oberfläche des klaren, ruhigen Teiches, der den Himmel widerspiegelt. Auf der Wasserfläche schwimmt die reine, weiße Seerose – Symbol deines eigenen

---

1) Eva Bell-Werber, Stille Gespräche m. dem Herrn, Bietigheim
(o.J., 3. Aufl.), S. 55

2) Vgl.: Sedir, Aufbruch, Remagen 1972

geistigen Wesens. Erblicke im Zentrum der Seerose das funkelnde Juwel – Symbol des Christus in dir. Die Sonne, die auf das Juwel scheint, läßt es in allen Regenbogenfarben aufleuchten. Nunmehr formt sich aus dieser Seerose die Meisterseele in vollkommener Gestalt, und deine suchende, strebende Seele erkennt in ihr den Christus. Fühlst du die strahlende Kraft seines Wesens, das ganz Liebe ist? Du bist in dieser Liebe für alle Ewigkeit eingehüllt. In aller Ewigkeit bist du – ein Funke Gottes – im Herzen des Schöpfers gehalten und getragen. Was hast du noch zu fürchten? Nichts kann dir etwas anhaben, nichts dich verletzen, denn in deinem innersten Herzen ruhst du in Gott." (1)

1) White Eagle, Die Stille des Herzens, Forstinning 1984

Ergänzende Literatur:

Willi Massa (Hrsg.), Kontemplative Meditation, Mainz 1974[5]
Eckhard Wolz-Gottwald, Meister Eckhart, Gladenbach 1985

XVII. Das Herzensgebet

Das Herzensgebet oder die Herzensmeditation fügt wesentliche Elemente des Gebetes und der Meditation zu einer Einheit zusammen, um so einen ganzheitlichen Weg zur Annäherung an Gott aufzuzeigen. Menschliches Bemühen und gnadenhafte göttliche Herabkunft bilden die zwei Pole dieses Versenkungsweges, der im Folgenden weitgehend anhand des unübertrefflichen Werkes von Siegfried Scharf (Das große Buch der Herzensmeditation) dargestellt werden wird. (1)

Der Meditierende nimmt eine entspannte Sitzhaltung ein und schließt die Augen, die Hände ineinandergelegt. Scharf empfiehlt dann als kurzes Einstimmungsgebet: "Herr Jesus Christus, erfülle mich (uns) mit deiner Kraft des höchsten Heiles (und der Heilung), erfülle mich (uns) mit deinem Geist der Liebe und der Wahrheit, erfülle mich (uns) mit göttlichem Licht." (Scharf, 69) Der Meditierende wird schon nach kurzer Zeit eine gewisse innere Stille verspüren, eine Stille, in der verschiedene Gedanken auftauchen können. In diese Stille hinein sollte allmählich eine gedankliche Ausrichtung auf Christus erfolgen, indem die beiden (oder nur eines) Worte "Jesus Christus" mühelos im Geist bewegt werden. Dabei ist zu beachten, nicht einem gewissen konzentrativen Zwang, einer willensmäßigen Konzentration zu unterliegen. Außerdem sollte keine vorgefaßte Erwartungshaltung die Meditation belasten oder bestimmte traditionelle Vorstellungen inhaltliche Vorgaben setzen. Der

---

1) Siegfried Scharf, Das große Buch der Herzensmeditation, Freiburg 1979
(Im Text nur als Scharf mit Seitenangabe zitiert.)

Meditationsprozeß sollte eher einer mantrischen Gebetspraxis (vgl. Transzendentale Meditation) gleichen. "Dem menschlichen Geist wohnt die natürliche Neigung inne, sich zum Angenehmeren hin zu bewegen. In der rechten Meditation wird ihm die Gelegenheit gegeben, dieser Neigung in geeigneter Weise zu folgen und mit der wachsenden Vertiefung wachsendes Wohl zu erfahren.

Es werden in der Meditation auch Gedanken auftauchen. Das ist ganz natürlich. Es sollte nicht versucht werden, diese Gedanken durch Willensanstrengung abzuweisen. Sie sollten lediglich zur Kenntnis genommen werden als etwas Gleichgültiges, und dann sollte sich der Meditierende wieder zwanglos der Meditation, dem Wort Jesus Christus, zuwenden. Auch wenn das Meditationswort Jesus Christus infolge aufkommender Gedanken ganz vergessen worden sein sollte, ist das nicht weiter schlimm. Sobald dies dem Übenden bewußt wird, nimmt er das Meditationswort einfach wieder auf." (Scharf, 71) Das ganze Geschehen sollte von einem inneren Loslassen bestimmt sein, das sich auch auf die Gedanken erstreckt. Es ist weder erforderlich, das Meditationswort ständig mit gleicher verbaler Präzision zu wiederholen, noch andere Gedanken zwanghaft zu verdrängen. Die Meditation wird ihre Wirkung hervorrufen, eine Wirkung, die nicht vom analysierenden Intellekt bewertet werden sollte.

Siegfried Scharf unterscheidet dann bei fortschreitender Übung und wachsender Vertiefung der Herzensmeditation drei sich parallel vollziehende Vorgänge:
1) Das Meditationswort erfährt eine Veränderung im

Sinne einer Anpassung an höhere Bewußtseinsebenen

2) Meditationsfremde Gedanken treten sanfter, weniger drängend und seltener in das Bewußtsein des Meditierenden. Sie können für kürzer oder länger ganz verebben.

3) Die anfängliche gedankliche Bewegtheit wird mehr und mehr abgelöst von einer ruheerfüllten Klarheit und von dem sich verstärkenden Bewußtsein der Gegenwart des reinen, göttlichen Geistes. Tiefe Erfahrungen sind hier möglich. Sie können beglückende, durchdringende und befreiende Erkenntnis vermittelnde Auswirkungen haben.

Die hier dargestellte Praxis der Herzensmeditation wurde auf den Wesenskern reduziert. Sie umfaßt zahlreiche Varianten und Ergänzungen und stellt trotz (oder gerade wegen ihrer Einfachheit einen höchst wirksamen und tiefe Erfahrungen schenkenden spirituellen Pfad dar. (1)

---

1) Im Rahmen der Kemmenauer Gespräche führt S. Scharf auch Meditations-Kurse durch. Interessenten können sich wenden an: S. Scharf, Zur Unterhöh 9, 5421 Kemmenau

XVIII. Okkulte Meditation

Die Kennzeichnung "okkulte" Meditation wurde dem umfangreichen Schrifttum Alice A. Baileys entnommen (1), die sich in einigen Büchern (unter Inspiration) speziell dem Thema Meditation zuwandte. Von verschiedenen Perspektiven aus behandelt sie die Gleichschaltung der niederen Aspekte der menschlichen Persönlichkeit mit dem höheren Selbst, um über diesen Aufstieg zu einem erweiterten Bewußtsein die Erfahrung der All-Einheit allen Lebens zu erlangen.

A.A. Bailey verfaßte nicht nur eine Einführung in die Yoga-Praxis, sondern versuchte die verschiedenen Yoga-Wege bestimmten menschlichen Entwicklungsphasen zuzuordnen. Der gegenwärtigen Menschheit empfiehlt sie, in Einklang mit anderen theosophischen Autoren, die Ausübung des Raja-Yoga (siehe Kap. X), um die Beherrschung und Ausbildung des Mentalkörpers zu realisieren.

Als guter Kennerin des Gebietes Meditation war A.A. Bailey bewußt, daß nicht *ein* Weg der allein seligmachende sein konnte. Sie forderte daher den geistigen Sucher zur individuellen Prüfung auf. Alle Meditationsschulen verkörperten für sie nur "einen Aspekt der Wahrheit und können auch viel Gutes bewirken, mögen aber trotzdem nicht das vermitteln, was für irgend einen Einzelnen das Beste ist. Wir müssen unsere eigene Konzentrationsweise finden, unsere eigene Annäherungsmethode an das, was in uns ist, feststellen und die ganze Frage der

---

1) A.A. Bailey, Briefe über okkulte Meditationen, Genf 1975

Meditation für uns selber klären." (1) Hinsichtlich der Wahl eines Lehrers weist A.A. Bailey auf ein bedeutendes Entwicklungsgesetz hin, das der Schüler bei seiner Entscheidung (soweit dies überhaupt möglich ist) beachten sollte. "Vom einem Lehrer, der nicht in bewußter Berührung mit der Kausalebene steht, kann keine Meditation angewiesen werden, die wirklich okkult angemessen ist." (2)

Wenn diese hohe Entwicklungsstufe nicht verwirklicht wurde, dürfen (so Bailey) nur allgemeine Hinweise gegeben werden. An diesem Punkt wird der Schüler wieder auf die Auswahlkriterien zurückgreifen müssen, die im Teil I aufgezeigt wurden.

In den allgemeinen Anweisungen zur Meditation bewegt sich A. A. Bailey auf der Linie des Raja-Yoga. Der Stufe der Konzentration (Beherrschung des Denkvermögens) folgt jene der Meditation (Festhalten einer bestimmten Idee, um dann in die Kontemplation einzumünden). Über diesen Weg kann die Erleuchtung und Inspiration verwirklicht werden, die erst den *bewußten* Diener im Plan Gottes charakterisiert. Für die Praxis der Konzentration und Meditation gibt A. A. Bailey verschiedentlich Hinweise, so auch die nachstehenden mantrischen Sprüche. "Strahlender als die Sonne, reiner als der Schnee, feiner als der Äther ist das Selbst, der Geist in mir. Ich bin dieses Selbst. Dieses Selbst bin ich." "Es gibt einen Frieden, der die Vernunft übersteigt; er wohnt in den Herzen derer, die im Ewigen leben. Es gibt eine Kraft, die alles

1) dies., Das Bewußtsein des Atoms, Genf 1973, S.83

2) Briefe, a.a.O., S.55

neu macht; sie lebt und regt sich in jenen, die das Selbst als eins erkennen." (1)

Bei der meditativen Hinwendung zum Herz-Chakra lehrt A.A.Bailey als Ausgangspunkt der Imagination eine geschlossene Lotosblüte. "Wenn das Heilige Wort angestimmt wird, so stelle man sich vor, wie der Lotos sich langsam öffnet, bis das Zentrum oder der innere Wirbel als strahlender Strudel elektrischen Lichtes erscheint, der mehr ins Blaue als ins Goldene hineinspielt. Darin läßt man das Bild des Meisters in ätherischer, emotioneller und mentaler Materie entstehen." (2) Wesentlich an dieser Übung ist ihre Universalität, deren Wirksamkeit gleicherweise für den Hindu wie für den Christen, für den Moslem wie für den Buddhisten erfahrbar ist.

Wenn die Hektik des Alltags die Versenkung in die Stille des Herzens erschwert, sollte unbedingt ein bestimmter Zeitraum des Jahres für einige Tage der Zurückgezogenheit freigehalten werden. Nur in der Abgeschiedenheit (äußerlich und innerlich) wird die leise Stimme des GEISTES vernehmbar. "In der Einsamkeit erblüht die Rose der Seele, in der Einsamkeit kann das göttliche Selbst sprechen; in der Einsamkeit können die Fähigkeiten und Gedankenkräfte des höheren Selbstes in der Persönlichkeit Wurzel fassen und aufblühen. In der Einsamkeit kann auch der Meister sich nähern und in die friedlich-stille Seele das Wissen einsenden, das Er mitteilen möchte." (3)

---

1) A.A.Bailey, Vom Intellekt zur Intuition, Genf 1969, S. 190

2) A.A.Bailey, Briefe, S.97

3) dies., Eine Abhandlung über weiße Magie, Genf 1966², S. 153

XIX. Anthroposophie

Rudolf Steiner, der Begründer der modernen Anthroposophie, unterschied als Generalsekretär der Theosophischen Gesellschaft in Deutschland drei Erkenntnispfade mit je andersartigen Praktiken. Jedem der drei, dem Yoga, dem christlichen-gnostischen und dem christlich-rosenkreuzerischen Weg, gestand Steiner zu, zur "einzigen Wahrheit zu führen". (1) Im Gegensatz zu dieser 1906 ausgesprochenen Würdigung zeichnet sich das Spätwerk Steiners (nun *Anthroposoph*) durch scharfe Polemik gegen den ersten der drei Pfade aus. Er wirft dem Yoga-Weg vor, das "Ich zu verlassen" (2), um in einer Traumwelt, einem Nicht-Sein aufzugehen. "Der Inder sucht sein Bewußtsein nicht zu erhöhen, sondern es traumhaft herabzudämpfen; daher das Untätige des indischen Wesens." (3)

Aus diesen wenigen, in ihrer pauschalen Form nicht zutreffenden Vorbemerkungen wird bereits deutlich, daß sich der anthroposophische Erkenntnisweg als ein zwar engagierter aber auch sehr intoleranter Pfad kennzeichnet.

Steiners eigene Anweisungen zur Meditation stehen deutlich im Zeichen des Willenseinsatzes. Die eigene Aktivität des Meditierenden spielt eine entscheidende Rolle. "Und auch so etwas muß der Mensch erleben, wie: "Ich will mein Dasein, ich will mich hineinversetzen in

---

1) R. Steiner, Ursprungsimpulse der Geisteswissenschaft, Dornach 1974, S. 139

2) ders., Anthroposophische Leitsätze, Dornach 1976, S. 221

3) ders., Menschheitsentwicklung und Christus-Erkenntnis, Dorn. 1967, S. 138

den ganzen Zusammenhang der Welt." Wenn der Mensch alles dieses in einen einzigen inneren Bewußtseinsakt zusammendrängt und dabei gleichzeitig seine ganze Bewußtseinskraft auf die Gegend der Stirne ... verlegt, so versetzt er sich tatsächlich in eine höhere Welt, ...". (1) Vergleicht man diese Übung mit den Yoga-Lehren über die Chakras, so wird unverkennbar der Bezug zur Tradition des Ostens deutlich.

Ziel der Steiner'schen Meditation ist die Entwicklung höherer Wahrnehmungsorgane mittels Versenkung in symbolische Vorstellungen und Empfindungen. Einzelnen Schülern gab Steiner persönlich bestimmte Sinnsprüche oder Meditationsformeln, die sie sorgfältig verwenden sollten. "Man kann zu einer bildhaften Vorstellung greifen, die nichts Äußerliches abbildet, zum Beispiel 'im Lichte lebt strömend die Weisheit'. Es kommt auf das Ruhen auf einem solchen Vorstellungskomplex an. Bei diesem Ruhen verstärken sich die geistig-seelischen Kräfte, wie sich die Muskelkräfte beim Verrichten einer Arbeit verstärken." (2)

Steiners Erkenntnispfad hebt sich von anderen meditativen Übungswegen auch durch die starke Betonung der Wesenhaftigkeit der Außenwelt ab. Nicht in einer reinen Innerlichkeit liegt das Heil, sondern auch im Erfassen des Göttlichen in der Außenwelt. "Verleugnen wir die Außenwelt, so verleugnen wir das Göttliche; negieren wir die Materie, in der sich Gott offenbart hat, dann negieren wir Gott. Es handelt sich nicht darum, in sich hin-

1) ders., Anweisung für eine esoterische Schulung, Dornach 1979, S. 42
2) R. Steiner, Kosmologie, Religion und Philosophie, Dornach 1979⁵, S. 24

einzuschauen, sondern wir müssen das große Selbst zu erkennen suchen, das in uns hineinleuchtet." (1)

Wie die gesamte Anthroposophie (in ihrem 'esoterischen' Überbau) so ist auch der anthroposophische Übungsweg sehr mental geprägt. Steiner legt auf die Kontrolle der Gedanken großen Wert, wobei seine Anweisungen zur Praxis sich nicht sonderlich von denen des Raja-Yoga unterscheiden. Steiners persönliche Anweisungen an Schüler betreffs deren Meditation lösten in den 20er Jahren eine teilweise heftige Kontroverse über ihre Effektivität und mögliche Gefährlichkeiten aus. (2)

Grundsätzlich läßt sich sagen, daß eine anthroposophische Schulung für Menschen, die ohnehin schon sehr mental (intellektuell) ausgerichtet sind, zu einer spirituellen 'Kopflastigkeit' führen kann, während sie sich für extrem gefühlsbetonte Charaktere möglicherweise als hilfreich erweist. Beachtet werden sollte von jedem, der sich auf den anthroposophischen Erkenntnisweg begibt, das Gebot der Toleranz und das "Richtet nicht!", vor allem im Hinblick auf jene Erdengeschwister, die sich für einen östlichen Weg entschieden haben. (3)

---

1) St.Leber, R.Steiner — Wege der Übung, Stuttg. 1984³, S. 53 (vgl. ebd. S. 96)

2) Vgl.: Peter Michel, Die Botschafter des Lichtes Bd. 2, Forstinning 1984, S. 44

3) Vgl. hierzu die ausgezeichnete Arbeit von Udo Knipper, Anthroposophie im Lichte indischer Weisheit, Gladenbach 1986
   Als grundlegende Bücher zum anthroposophischen Meditations- und Erkenntnisweg zählen:
   "Wie erlangt man Erkenntnisse der höheren Welten"
   "Theosophie"
   "Die Philosophie der Freiheit"
   Über Veranstaltungen der Anthroposophischen Gesellschaft informieren die regionalen Zweige. Die Anschriften sind erhältlich über das *Goetheanum* in CH-4143 Dornach.

XX. Körperenergien

Das 'esoterische' Menschenbild unterscheidet in der Wesenheit Mensch sieben Aspekte, auch als die "sieben Körper" bezeichnet. In der Meditation sollten nun diese sieben Körper zu einer Einheit verbunden werden, indem das Bewußtsein entweder von der physischen zur geistig-göttlichen Ebene emporgehoben wird oder eine Durchstrahlung von der geistig-göttlichen bis hin zur physischen Stufe erfolgt. Die amerikanische Mystikerin Flower A. Newhouse erhielt von ihrem spirituellen Lehrer die nachstehende Übung, die auch als Heil-Meditation äußerst wirksam ist. Sie empfiehlt dem Meditierenden, ihr für mindestens fünfzehn Minuten die volle Aufmerksamkeit zu schenken.

1. Stilles Mahnwort: "Wißt ihr nicht, daß ihr Gottes Tempel seid und der Geist Gottes in euch wohnt." (1. Kor. 3,16)

2. Führe diese Einschwingungs-Übung sehr langsam und sorgfältig aus.

3. Die einzelnen Stufen der Übung verbinden Dich mit dem innewohnenden Gottesfunken. Von dieser Ebene aus kannst Du sagen: "Ich bin eins mit dem Allumfassenden Gott."

4. Gebet: "Allmächtiger Gott, alles, wonach ich strebe, was ich brauche und erhalten werde, ist Dein. Sende einen Strom vibrierender Energie aus Deinem Reservoir des Lebens zu mir, der mich aus der Manifestation Deines Lichtes, Deines Willens und Deiner Weisheit heraus stärken wird; mögen diese Göttlichen Qualitäten auf Deinen Geistfunken in mir übertragen werden."

5. Indem Du Dich an die "Tore" (Chakras) und "Pforten" (die einzelnen Wesensglieder) wendest, sprich: "Ihr Tore, hebt euch nach oben, hebt euch, ihr uralten Pforten; denn es kommt der König der Herrlichkeit." (Ps. 24,7)

6. "Durch den Innewohnenden König der Herrlichkeit möge der Strom Göttlicher Qualitäten meinen Adonai (höheres Selbst) durchfluten." (Die beiden feinsten Bewußtseinskörper benötigen keine Ausrichtung ihrer atomaren Struktur.)

7. "Über meinen Adonai möge das göttliche Licht in meine Seele eindringen. Sei wachsam, meine Seele! Laß Deine Atome stets nur wahrhaftige, hilfreiche und wesentliche Schwingungen tragen. Laß meinen ganzen Seelenkern die geistige Schönheit, getreue Intuition und höchste Kreativität ausstrahlen, die ich nun genieße."

8. "Durch die Tore meiner Seele möge Gottes Licht in meinen gesamten Mentalkörper einfließen. Möge dieses Licht meine Vernunft erwecken, läutern und erweitern. Atome aus meiner Verstandesebene wacht auf und erhaltet neues Leben voller klarer Intelligenz."

9. "Laß das Göttliche Licht durch die Tore meines Verstandes in meinen ganzen Gefühlskörper eintreten. Wache auf, mein Gefühlskörper, sei geläutert, verfeinert und in deinem Schwingungsfeld angehoben! Atome, die ihr meinen emotionalen Bereich ausmacht, durch den göttlichen Funken in mir werdet ihr geleitet, durch mich wahre Gefühle, Wünsche und Selbstkontrolle zu jeder Zeit und an jedem Ort auszudrücken."

10. "Möge das Göttliche Licht durch meinen Astralkörper in meinen ätherischen Körper einfließen. Ätherischer Körper, deine Atome werden angeleitet, einen Überfluß an Vitalität und ein starkes energetisches Schutzschild auszustrahlen."

11. "Das Göttliche Licht dringt nun durch meinen ätherischen in meinen physischen Körper ein. Dieses Licht pulsiert von meinem Kopf in meinen Kehlkopfbereich. Es strahlt in meine Brust und weiter nach unten, bis jede Faser meines Körpers, mein gesamter Blutkreislauf und das ganze Nervensystem durch seine heilenden und helfenden Ströme aufgeladen wurde. Atome, die ihr meinen Körper zusammensetzt, ich weise euch an, mich immer bei guter Gesundheit zu halten! Die Kräfte des Geistes, die zeitlos, gütig und schön sind, durchweben mich."

Ergänzt und vertieft werden kann die Meditation über die sieben Körper durch eine gezielte Energie-Übung, die sich auf die atomare Struktur der jeweiligen Körper richtet und ebenfalls sehr effektiv bei Heilbehandlungen eingesetzt werden kann.

"Der Meister lehrte uns, daß auf allen Ebenen jedes Atom von drei Ringen elektrischer Energie umgeben ist. Der äußerste elektrische Ring wird das 'Orium-Feld' genannt, und seine Aufgabe ist es, das Zentrum des Atoms mit frischer Energie zu versorgen. Kann seine Energie nicht das Herz des Atoms erreichen, da die beiden anderen Ringe hinderlich wirken, fühlen wir uns erschöpft und krank. Der mittlere Ring wird 'Poreas-Feld' genannt. Der Meister lehrte uns, daß die körperlichen, emotionalen und mentalen Erbfaktoren, die wir von unseren Vorfahren erhielten, in diesem Ring zirkulieren. Der dritte und innerste Ring wird 'Edam-Feld' genannt. Hier schwingt unser karmisches Erbe. Wir müssen diese energetischen Felder von ihren dunklen und negativen Faktoren befreien, um so eine bessere Zirkulation ihrer positiven Schwingungskomponenten zu vermitteln. Dies stellt den bemerkenswertesten Aspekt der atomaren Heilbehandlung dar."

Übung:

"Laß das Göttliche Licht in das Edam-Feld jedes Atoms in allen meinen Körpern, aus denen meine Wesenheit besteht, einfließen. Durch den Gottesfunken in mir leite ich das Licht an, auf daß es alles Dunkle, das sich hinderlich in den Edam-Feldern eines jeden Körpers auswirkt, ausmerze. Möge das Licht jedes Orium-Feld in mir durchfluten und stimulieren. Es möge durch das Orium-Feld in jedes Poreas-Feld einströmen, dieses ausfüllen und in das Edam-Feld einfließen. Von dort aus möge es schließlich in das Zentrum eines jeden Atoms eindringen, bis dieses zu einer strahlenden Sonne wird." (1) Wird diese Meditation regelmäßig durchgeführt, werden die positiven Wirkungen sich schon bald deutlich erkennen lassen.

---

1) Vgl. für die Übungen das Buch von F.A. Newhouse, Die Tore der Weisheit, Kap. IV (Forstinning, 1984)

XXI. Kundalini

Die am Ende der Wirbelsäule wie eine Schlange zusammengerollte Lebenskraft wird in der Yoga-Lehre Kundalini genannt. Durch die Ausübung der Yoga-Praxis soll diese Lebenskraft zum Aufstieg durch die einzelnen Energiezentren des Körpers (Chakras) gebracht werden. Der Aufstieg der Kundalini vollzieht sich durch den Innenkanal der Wirbelsäule (Sushumna), der von zwei weiteren wichtigen Nervenkanälen (Ida und Pingala) umschlungen ist. Mit der Erweckung der Kundalini geht die Entwicklung bestimmter spiritueller Fähigkeiten einher, die dem Yogi zuvor nicht zur Verfügung standen. (1)

Von Ramakrishna werden das Aufsteigen der Kundalini und die dabei auftretenden Phänomene wie folgt geschildert: "Irgendetwas steigt mit einer prickelnden Empfindung von den Füßen zum Kopf. So lange dieses Etwas das Gehirn noch nicht erreicht hat, bleibe ich meiner bewußt, doch im Augenblick, da es geschieht, bin ich der Außenwelt abgestorben. Selbst die Funktion von Gesicht und Gehör hören auf, sprechen ist mir unmöglich. Wer sollte sprechen? Selbst die Unterscheidung zwischen 'ich' und 'du' schwindet. Manchmal möchte ich euch berichten, was ich sehe und fühle, wenn diese geheimnisvolle Kraft durch das Rückgrat aufwärts steigt. Ist sie bis hierher gekommen, oder selbst hierher - ' (dabei wies er mit der Hand auf Herz und Kehle) ' - ist es noch möglich, zu sprechen, und das tue ich. Im Augenblick je-

---

1) Vgl. zu dieser Thematik: Arthur Avalon, Die Schlangenkraft, Mü. 1975[2]
Gopi Krishna, Kundalini, Weilheim 1968

doch, wenn sie über die Kehle hinaus ist, ist es, als hielte mir jemand den Mund zu, und ich bin weit weg. Ich bereite mich wohl, euch zu erzählen, was ich fühle, wenn Kundalini über die Kehle hinaussteigt, aber wenn ich noch überlege, wie ich es ausdrücken soll, überschreitet der Geist eine Grenze, und es ist aus." (1)

Die Art des Kundalini-Aufstieges umschreibt Ramakrishna mit Tierbewegungen, wenn er ihn einmal mit dem Springen eines Frosches, dann wieder mit dem Flug eines Vogels oder dem Verhalten anderer Tiere vergleicht. Der gesamte Prozeß vollzieht sich nun, so Ramakrishna, nicht als kontinuierlicher, nie regressiver Vorgang, sondern es kann auch zu einem Abstieg kommen, solange sich Kundalini unterhalb des sechsten Chakras befindet. "Der menschliche Geist hat die natürliche Neigung, seine Lebensbetätigungen auf die drei untersten Zentren zu beschränken, deren höchstes sich dem Nabel gegenüber befindet, daher ihm denn die Befriedigung seiner gewöhnlichen Bedürfnisse, wie Essen usw. genügt. Erreicht sein Geist aber das vierte Zentrum, das sich dem Herzen gegenüber befindet, dann sieht er schon einen Schimmer höherer Welten. Doch fällt er aus diesem Zustand oft in den der drei niederen Zentren zurück. Wenn sein Geist das fünfte Zentrum erreicht, gegenüber der Kehle, kann der Sadhaka von nichts anderem mehr als von Gott sprechen. – Jenseits aller Gefahr ist der Mensch, dessen Geist das sechste Zentrum erreicht hat, gegenüber der Nasenwurzel. Hier findet er die Schau des Höchsten Selbst und bleibt immer in Sa-

---

1) Satyamayi, Ramakrishna, Schopfheim 1967, S. 69

madhi." (1) Aurobindo betrachtet die Kundalini aus dem
Blickwinkel seiner Vorstellung der Herabkunft des Göttlichen. Er vergleicht es mit dem Aufstieg des Bewußtseins von den niederen zu den höheren Trägern und
dem Herabsteigen einer höheren Kraft. "Das muß sich
nicht notwendigerweise durch die Chakras vollziehen,
wird aber häufig im ganzen Körper wahrgenommen.
Gleichermaßen wird die Herabkunft des höchsten Bewußtseins nicht notwendiger- oder üblicherweise durch
die Chakras wahrgenommen, sondern als ein Besitzer-
greifen des ganzen Kopfes, Nacken, Brust, Unterleib und
Rumpf." (2)

Betrachtete die traditionelle Sichtweise des Yoga das Öffnen der Chakras als einen Vorgang, der sich beim Aufsteigen der Kundalini vollzog, so sieht ihn Aurobindo als unmittelbaren Akt, der auf die Herabkunft der Göttlichen
Kraft folgt. Er mißt dem herabkommenden göttlichen
Geistesstrom größere Bedeutung und weitreichenderen
Einfluß zu als der aufsteigenden Kundalini-Kraft.

Kundalini stellt eine gewaltige Energie dar. (3) Eine vor-
zeitige, unangemessene Erweckung der "Schlangenkraft" durch einen Yoga-Praktizierenden kann äußerst ge-
fährlich sein. Seitens verantwortungsbewußter Yoga-
Meister wird daher auf diese Gefahr immer hingewie-
sen. Spezielle Übungen zur schnellen Erweckung der
Kundalini anzuwenden, bedeutet ein Spiel mit dem
Feuer.

---

1) ebd., S. 71

2) Aurobindo, On Himself, S. 111 (zit. in Michel, Yoga-Meister, S. 192)

3) Vgl. hierzu die Darlegungen G. Hodsons über die Kundalini-Devas in: Geof-
frey Hodson, In den Sphären des Lichtes, S. 29 f. (Grafing 1985)

XXII. Meditationsmusik

Die heilende und entspannende Wirkung von Musik war der Menschheit seit Urzeiten bekannt. Gleich ob vedische Opfer-Hymnen oder antike Lautenklänge, der Musik wurde eine sakrale Komponente zugesprochen. Dieses Erbe tritt im ausgehenden 20. Jahrhundert die Musik des "New Age" an, mit den Sphärenklängen aus Synthesizer und Electronic Media. Sicher wird diese kühne Behauptung den "Klassikern" als sehr überzogen erscheinen, doch erhärten zahlreiche Forschungsergebnisse und Therapie-Erfahrungen diese These. Die Meditationsmusik der 80er Jahre übt eine tiefgreifende Wirkung sowohl auf den physischen Körper als auch auf alle feinstofflichen Träger aus. Ein vertieftes (meditatives) Hören dieser Musik kann von Entspannung zur Heilung bis hin zur Ekstase führen, wobei Ek-stasis das "außer-sich-sein" im ursprünglichen Sinne meint, das Erleben einer höheren Wirklichkeit.

Das Interesse an und die Nachfrage nach Meditationsmusik hat in den letzten Jahren zu einer wahren Cassetten-Schwemme geführt, wobei die Qualität der Quantität unterlag. Nachstehend soll daher eine Auswahl der besten Musikwerke der "New-Age-Musik" dargestellt werden, die vor allem unter dem Gesichtspunkt der Verwendbarkeit für die Meditation getroffen wurde.

AEOLIAH   — *Inner Sanctum* (Der planetarischen Hierarchie gewidmet. Zarte Töne, aufsteigend in ferne Welten. Eine vollendete Sinfonie von Synthesizer, Flöte und Harfe.)

– *The Light of Tao* (Musik des grenzenlosen Lebens. Musik, die die Einheit des Seins widerklingen läßt)

– *Angel Love* (Musik zur Einstimmung auf die heilenden Energien der Engel. Die reinen Klänge und zarten Schwingungen wirken in einzigartiger Weise auf Körper, Seele und Geist.)

– *Majesty* (Phantastische Klang-Sinfonien, die in ihrer präzisen Harmonie und vollendeten Klang-Struktur an Bach erinnern. Ein einzigartiges musikalisches Wunderwerk.)

Judy Munsen   – *Breath of Creation* (Das große Lied der Schöpfung. Die Sinfonie der Planetengeister und der Erbauer der Welten. Die unbeschreibliche Harmonie der Sphären strömt auf silbernen Bahnen in lauschende Herzen.)

Julian St. George   – *Soulmates* (Das zeitlose Mysterium der Liebe, das Geheimnis der Dualseelen, umgesetzt in zauberhafte Klang-Harmonien. Musik für alle, die in ihrem Herz-Chakra berührt werden möchten.)

Mathias Grassow   – *At the Gates of Dawn* (Ein Hymnus an die Mysterien der Natur, zelebriert

85

auf Keyboards und Synthesizer. Diese Musik (vor allem das Hauptwerk "Sonnen-Meditation") stimmt Sie ein auf die transformierenden und heilenden Kräfte der Natur.

Michael Sloan — *Waiting for Dawn* (In der erwartungsvollen Stille eines anbrechenden Morgens schwingen die sanften Töne eines Pianos von ferne herauf. Musik zwischen Tag und Traum, voller Harmonie und Freude.)

Anni Locke — *The Living Earth* (Musik, in der sich die Einheit allen Lebens offenbart. Eine sphärische Hymne an Mutter Erde. Wunderbar leise und entspannende Klänge, die einhüllen in die behütende Gegenwart der GROSSEN MUTTER.)

Mike Rowland — *Fairy Ring* (Eine sinfonische Botschaft der Synthese zwischen dem Reich der Naturgeister und Menschen. Musik voller Liebe und Zärtlichkeit. Wunderschön!)

— *Silver Wings* (Auf 'silbernen Schwingen' in höhere Welten. Sehr friedvoll und meditativ.)

— *Solace* (Inspirierende Klänge auf

Piano und Synthesizer. Voller Wärme und Sanftheit.)

Klaus Wiese — *Sabiha/Baraka/Qumra/Maraccaba Kalengra/Samarkand*
Sufi-Meditationsmusik, gespielt von Meisterhand. Musik zur Meditation, zur Entspannung, für Atem-Therapie oder zum Stillewerden. Gespielt auf tibetischen Klangschalen, Zither, Harmonium und Tambura.

Iasos — *Angelic Music* (Musik, die Sie hinaufschwingen läßt ins Reich der Engel. Auf klingendem Strahl in lichte Sphären.)

Cyrille Verdeaux — *Flowers from Heaven* (Ein klingender Blütengruß aus himmlischen Welten. Meditationsmusik in Vollendung. Musik zum Träumen und Lauschen auf die Stimme der Stille.)

Hans Hass jr. — *Celestial Flight* (Eine Sammlung von durchgeistigten Stunden in Musik-Trance, die Sie meditativ nachempfinden können.)

Tim Story — *Untitled* (Sehr sanfte Klaviermusik, ergänzt von meditativ gespieltem Synthesizer u. Vibraphon. Musik zur Entspannung u. inneren Harmonisierung.)

Charly Thweatt	– (Verträumte Klavierklänge hüllen den Zuhörer ein und lassen ihn alle Erdenschwere ablegen. Die Seele schwingt sich empor in Welten des Lichtes.)
C. Demby	– *Skies above Skies* (Die Stille der himmlischen Welten. Musik und Mystik. Die faszinierende Vertonung von spirituellen Erfahrungen. Mit "God is" finden Sie auf dieser Cassette ein Musikstück, das wahrhaft vom göttlichen Geist erfüllt ist!)
	– *Sacred Space Music* (Eine Synthese zwischen östlicher Tradition und westlicher Elektronik. Ein herrliches Oratorium!)
Al Gromer Khan	– *Konya* (Inspirierende Sufi-Musik, die die Seele zum Tanz ruft. Dynamische Klänge, die das Herz berühren, um es zu öffnen für die Botschaft der Seligkeit. Musik, die über das Herz-Chakra zur geistigen Einheit führt.)
Alice Coltrane	– *Turiya Sings* (Ein himmlisches Mantra! In jedem Augenblick wird Ihr Herz berührt werden von der tiefen Hingabe und überströmenden Liebe dieser mantrischen Hymnen. Sakraler Friede in der Stille des Herzens.)

Ray Lynch	– *The Sky of Mind* Eine Reise ins Innere des Geistes. Musikmeditationen auf dem Pfad der Stille in die verborgenen Tiefen der Seele. Sehr kontemplativ!
Oman & Shanti	– *Celestial Odyssey* In einem Raumschiff der Phantasie geheimnisvollen Welten entgegen. Aus der Ferne des Universums kommen Ihnen zauberhafte Klänge entgegen, voller Liebe und Wärme. In der meditativen Harmonie dieses musikalischen Raumfluges werden Sie umgehend die Erdenschwere vergessen.
Synchestra	– *Mother Earth Lullaby* Musik zum Träumen. Eine der lieblichsten Cassetten der New-Age-Musik!
Peter Davison	– *Forest* Eine erhebende Musik für Synthesizer und Harfe, in der die Einheit mit der Natur nachempfunden werden kann.
Georg Deuter	– *Ecstasy* Meditationsmusik mit Flöte, Orgel und Synthesizer. Sehr sanft und zart!
	– *Cicada* Eines der Meisterwerke von Deuter. Meditationsmusik voller Freude und Beschwingtheit.

Steven Halpern – *Dawn* Eines der meditativsten Musikwerke, das der Pionier der New-Age-Musik je geschaffen hat. Flöte und elektrisches Klavier in Vollendung.

– *Whisper on the Wind* Eine Auswahl aller leisen und meditativen Stücke von Steven Halpern. Ideal geeignet zur Meditation.

Paul Horn – *Inside the great Pyramid* Diese Musik wurde in der Königskammer der großen Pyramide aufgenommen. Selbst auf der Cassette kommt der unbeschreibliche mystische Zauber dieses heiligen Ortes herübergeschwungen.

Daniel Kobialka – *Dream Passage/Timeless Motion/Sun Space* Die vollkommenste Vertonung großer klassischer Werke in der modernen Sphärenmusik. Pachelbel's "Kanon in D" oder Beethoven's "Ode an die Freude" umrahmt von außergewöhnlicher Meditationsmusik. Meisterwerke!

Kim Robertson – *Wind Shadows/Water Spirit* Traditionelle und moderne Harfenmusik, gespielt auf alten keltischen Instrumenten. Meditationsmusik auf der Königin der Saiteninstrumente!

Melissa Morgan – *Erin's Harp* Verträumte irische Harfenmusik, meditativ, zart und sehr leise.
Für Menschen, die das ganz Stille lieben!

Kitaro   – *Ki/Silk Road*
Synthesizer-Musik vom Altmeister der
elektronischen Musik. Diese beiden
Werke zeichnen sich durch wunder-
bare Harmonien und sphärische Klang-
kombinationen aus. Erhebend!

Empfehlenswerte Literatur zum Thema Meditations-
musik:
Ralph Tegtmeier, Musikführer für die Reise nach Innen,
Haldenwang 1985
Peter M. Hamel, Durch Musik zum Selbst, München 1976
Hal Lingerman, Bewußt Hören, Haldenwang 1984
Dane Rudhyar, Die Magie der Töne, München 1984

Teil III

Die Verheißung

XXIII. Höheres Wahrnehmungsvermögen

Meditation, das dürfte aus den vorstehenden Kapiteln deutlich geworden sein, stellt keinen Modesport für Intellektuelle dar und dient auch nicht primär zur Entspannung für gestresste Manager. Vielmehr erfüllt sich in meditativem Geschehen das religiöse Leben des Menschen. In der Meditation öffnet sich der geistig Strebende für eine höhere Dimension, welchen Namen er ihr auch immer geben mag. Er ermöglicht es, daß Energien aus einer transzendenten Wirklichkeit in ihn einströmen. Die neuen geistigen Kräfte, die ihm allmählich zuteil werden, können zu einer erweiterten Wahrnehmung führen. Dies mag sich in der Form erhöhter Intuition, größerer Sensitivität oder sogar einer gewissen Hellsichtigkeit manifestieren. Zu beachten ist hier allerdings, daß der Meditierende niemals mit der Intention die Meditation beginnen sollte, okkulte Kräfte zu erlangen. Meditation ist nicht Magie!

Ein wichtiges Gebot gibt es zudem zu beachten, die Aufrechterhaltung eines klaren Bewußtseins, wie es eines der leuchtenden Wesen, die den Erdball behüten, nachstehend formulierte. "Strebt unermüdlich danach, die höchste Stufe zu erreichen, die Euch zugänglich ist, aber tut es mit vollem Bewußtsein; geht schrittweise voran, nicht sprunghaft. Seid vorsichtig, arbeitet Euch unaufhaltsam empor, allzeit bei klarer Bewußtheit." (1)

Wenn der Schüler unermüdlich und treu dem PFAD folgt, allmählich seinen Egoismus überwindet und die Liebe zu allem Leben entwickelt, mag ihm eines Tages in

---

1) Zit. in Michel, Die Botschafter des Lichtes Bd. 2, S. 87

der Meditation die Erfahrung der Einheit allen Seins geschenkt werden, wie sie von Krishnamurti berichtet wird. "Die Vögel, der Staub und selbst die Geräusche waren ein Teil von mir. Im gleichen Augenblick fuhr in einiger Entfernung ein Wagen vorbei, ich war der Fahrer, der Motor und die Reifen, als der Wagen sich weiter von mir entfernte, entfernte ich mich auch von mir selbst. Ich war in allem oder vielmehr war alles in mir, unbeseelt und beseelt, der Berg, der Wurm, und alle atmenden Dinge. Den ganzen Tag verblieb ich in diesem glücklichen Zustand." (1)

1) Mary Lutyens, Krishnamurti, München 1981, S. 187

XXIV. Kosmisches Bewußtsein

Die Meditation beginnt in der Begrenztheit der physischen Welt und öffnet allmählich die "Tore der Weisheit", durch welche die suchende Seele in göttliche Reiche eintritt. Emporsteigend von Stufe zu Stufe berührt der Jünger schließlich seinen göttlichen Seelenfunken, seine Monade, um so sein göttliches Erbe anzutreten. Er wird zu einem bewußten Mitarbeiter am göttlichen Plan und erahnt jenseits eines erleuchteten Erdenbewußtseins ungeschaute Herrlichkeiten, die er einmal seine Heimat wird nennen können. Eine unermeßliche Zukunft wartet auf *jede* Seele, sie muß sich nur auf die Suche nach ihr begeben. "Ein Ende dieser mächtigen Evolution – d.h. wenigstens das Ende dieser Stufe, denn ein Absolutes Ende gibt es überhaupt nicht – das Ende dieser Stufe ist das, daß Jeder an seiner Stelle der neue Logos eines neuen Universums werden soll, die vollkommene Wiederholung des Lichts, aus dem er hervorkam, um dieses Licht nach anderen Welten zur Bildung eines neuen Universums zu bringen. Die Bestimmung des Menschen ist, ein Gott zu werden und damit zu einer Quelle neuen Lebens für Andere, und anderen Universen das Licht zu bringen, das er selbst enthält." (1)

1) Annie Besant, Die Zukunft, die uns erwartet, Leipzig o.J., S. 54 f.

XXV. Das Eine

In ihrem höchsten Aspekt ist Meditation ein Sich-Hin-wenden zum Absoluten, zu Gott, zu dem Einen, das ist. In der Erfahrung dieses Einen, in einer Erfahrung, die nie abgeschlossen ist, vollendet sich gnadenhaft alles meditative Bemühen. Keiner der großen Weisen, Meister und Erleuchteten hat je die Fülle Seiner Herrlichkeit geschaut, doch vom Saum der Ewigkeit konnten sie Zeugnis ablegen – und mit diesem Zeugnis (als Verheißung) mag unser kleines Handbuch zur Meditation schließen.

„Von dem Absoluten, dem Unendlichen, dem Allumfassenden vermögen wir nichts weiter zu wissen, als das "Es ist"; denn alle Bezeichnungen können es nur beschränken, da der Gedanke das Schrankenlose nicht zu fassen vermag. Unzählbare Universen sind in Ihm, unzählige Sonnensysteme in jedem Universum. Jedes Sonnensystem ist die Offenbarung eines mächtigen Seins, eines Wesens, das alles das repräsentiert, was die Menschen unter Gott verstehen." (1) "Denken Sie daran, daß es nichts geben kann, was nicht in Seinem Bewußtsein ist; aber dieses mächtige Bewußtsein ist eine so mächtige Liebe, daß keiner, der sie versteht, je etwas anderes fühlen kann als tiefe Ehrfurcht und Freude in der Gewißheit, daß der Schutz dieser allumfassenden Liebe ihn nie verlassen kann." (2)

---

1) Charles W.Leadbeater, Ein Textbuch der Theosophie, Leipzig 1915, S.9

2) ders. Gespräche über "Zu Füßen des Meisters", Düsseldorf 1926, S. 528